KB097762

미국의 민주주의를 읽다

미국의
민주주의를
읽다

**우리의
민주주의를
더 잘
이해하기
위하여**

양자오 지음

조필 옮김

자본주의의 중심 미국을 지키는 평등 의식

1

미국에서 처음으로 노벨 문학상을 받은 사람은 유명 작가인 윌리엄 포크너나 어니스트 헤밍웨이가 아니라 싱클레어 루이스입니다. 루이스는 1930년에 노벨 문학상을 수상했는데, 당시 마흔다섯 살이었습니다. 오늘날 루이스의 이름을 아는 이는 거의 없으며, 그의 책을 읽는 사람은 더 적습니다. 특히나 미국 밖의 지역에서 루이스는 철저히 잊히고 홀대받는 작가입니다.

루이스가 살아 있을 때도 미국 사람이 아니면 그의 작

품을 읽는 독자는 많지 않았습니다. 그가 노벨 문학상을 받은 근거는 보통 두 가지로 여겨집니다. 첫째, 그의 소설이 너무나도 미국적이기 때문입니다. 미국이 빠르게 강대국으로 부상할 때였으므로 노벨상 위원회는 '미국을 대표할 만한 작가'를 뽑아서 이러한 세계적 흐름을 반영해야 한다는 점을 인정했습니다. 1968년 노벨상 위원회에서 일본 작가에게 노벨 문학상을 주기로 결정하고, 당시에 '가장 일본적인' 작가 가와바타 야스나리를 뽑은 것처럼, 1930년에는 '가장 미국적인' 작가 루이스를 선정한 겁니다.

둘째, 루이스의 이름에 '싱클레어'라는 단어가 들어 있기 때문입니다. 당시 또 한 사람의 '싱클레어'는 미국에서 더 큰 영향력을 가지고 있었습니다. 미국인의 마음속에서 으뜸가는 소설가의 이름은 바로 업턴 싱클레어입니다. 업턴은 루이스보다 더 미국적인 작가입니다. 그러나 그의 문학적 성취는 노벨상을 받을 수준이 못 됐지요. 그 결과 또 다른 싱클레어인 루이스에게 상이 주어진 겁니다.

이 둘째 이유, 원래는 업턴 싱클레어에게 주려던 상을

싱클레어 루이스에게 줬다는 말은 지금 상식으로는 납득하기 어렵습니다. 그러나 1930년의 미국인은 이 사실을 의미 있게 여겼습니다. 이 두 사람의 싱클레어조차 이러한 연관을 진지하게 받아들였지요.

업턴 싱클레어는 싱클레어 루이스보다 7년 먼저 태어났습니다. 싱클레어 루이스는 예일대학에서 공부할 때 1년간 휴학하고 헬리콘 홈 콜로니Helicon Home Colony라는 곳에서 일하며 머문 적이 있습니다. 헬리콘 홈 콜로니는 업턴 싱클레어가 만든 곳으로, 평범한 일상에 싫증난 작가, 예술가, 음악가, 교사 그리고 다른 전문직 종사자가 공동 생산, 공동 소비를 하는 생활을 체험할 수 있도록 운영되었습니다.

헬리콘 홈 콜로니를 세운 자금과 아이디어는 업턴 싱클레어가 1906년 출간한 소설 『정글』The Jungle의 판매로 얻은 것이었습니다. 『정글』은 대자연의 환경이 아니라 도시 속 '고기의 숲'을 가리킵니다. 어느 도살장을 배경으로 하는 이 소설은 도살장 내부의 음침한 작업 환경에서 노동자가 어떻게 냉혹한 억압과 착취를 받고, 고기가 얼마나 더럽게 처리

되는지 등을 상세하고 사실적이면서도 선정적으로 그렸습니다.

『정글』은 출간 후 곧 베스트셀러가 됐습니다. 이 소설의 제일가는 독자는 당시 미국 대통령 시어도어 루스벨트였습니다. 루스벨트는 이 책을 읽고 직접 세 페이지에 달하는 서평을 썼습니다. 그리고 업턴 싱클레어를 백악관에 초대했지요. 서평에서 루스벨트는 자신이 참전한 미국-스페인 전쟁에서 포화를 피하지 못하고 다친 전우가 후방에서 보내온 고기를 먹고 중독되어 죽는 것을 보며 얼마나 억울하고 원통했는지 침통한 심정으로 회고합니다.

『정글』이 출간되고 한 달 뒤, 미국 고기 시장은 눈에 띄게 위축됐습니다. 다시 한 달이 지나자 미국 의회에서 순수식품의약품법The Pure Food and Drug Act을 통과시켜 연방 정부의 식품과 의약품에 대한 감독 권한을 대폭 강화했으며, 이는 오늘날 미국 식품의약국FDA이 생겨난 법적 근거가 되기도 했습니다. 수많은 이가 『톰 아저씨의 오두막집』을 빼고 『정글』만큼 미국 사회에 충격과 효과를 불러일으킨 소설은 없다고 말합니다.

업턴 싱클레어는 소설가로만 머물지 않았습니다. 어떤 이는 업턴 싱클레어가 소설가가 되기 위해 소설을 쓴 적이 없다고 말합니다. 그는 사회주의자였고 사회개혁운동가였습니다. 그래서 그는 『정글』의 엄청난 판매로 얻은 어마어마한 인세로 사회주의 실험기지를 세웠습니다. 그곳에서 싱클레어 루이스는 성장 과정에서 꼭 필요한 지식을 얻고 의식을 깨우쳤습니다.

2

미국-스페인전쟁이 발발한 1898년에 싱클레어 루이스는 열세 살이었습니다. 몰래 집을 나와 징병소로 간 그는 전쟁터에 나가 나팔수가 되겠다고 자원했습니다. 물론 징병소 담당자는 그에게 허튼 생각 하지 말고 집으로 돌아가서 공부나 열심히 하라고 말했습니다.

싱클레어 루이스는 아버지와 관계가 좋지 않았습니다. 어머니도 그가 여섯 살 때 사망했습니다. 의붓어머니와는 관계가 나쁘진 않았지만 그가 성장 과정에서 겪은 온갖 고통을 해결하는 데는 도움을 주지 못했습니다.

그는 운동도 못하고, 생긴 것도 괴상했습니다. 크고 깡마른 몸에 팔다리가 몸에 붙어 있는 모습이었고 얼굴은 여드름투성이였지요. 이런 사람은 남학생 사이에서 환영받기가 어렵습니다. 여학생에게 호감을 얻는 일은 더 말할 필요도 없지요. 그러나 성적이 좋았고, 아름다운 문장을 썼던 그는 중서부의 명문 고등학교인 오벌린 아카데미Oberlin Academy와 동부의 명문 예일대학에서 공부했습니다. 하지만 점점 더 명문 학교로 옮겨 가면서도 정작 그 자신은 어디에도 어울리지 못했습니다.

그는 업턴 싱클레어의 책을 읽으면서, 특히 싱클레어가 만든 사회주의 실험기지에 들어가면서 자기 삶의 방향을 찾았습니다. 그는 더 이상 청춘 시절의 낭만적인 시를 끼적이지 않았습니다. 많이 팔아서 돈을 벌 수 있는 부류의 소설도 쓰지 않았습니다. 그는 사회소설로 방향을 바꾸려고 했습니다.

1920년, 루이스는 소설『메인스트리트』Main Street를 썼습니다. 출간하기 전 출판사는 이 책이 시장성이 있다고 봤습니다. 잘하면 25,000권은 팔 수 있을 거라 예측했지요. 그런데 예상을 훌쩍 뛰어넘어 반년 만에 18만 권이나 팔렸습니다. 5년간 이 책의 판매량은 200만 부를 넘겼습니다. 이는 미국 출판계에서 한 번도 경험한 적 없는 초유의 숫자였습니다.

『메인스트리트』는 미국 중서부의 이야기를 다룹니다. 도시에서 자란 아가씨가 작은 타운에 시집가서 그곳의 추하고 낙후한 모습을 보고 놀랍니다. 처음에는 그곳이 싫어 도망치려 하다가 마을을 변화시켜야겠다고 마음을 바꿉니다. 자신의 노력이 강력한 저항에 부딪히자 그녀는 잠시 워싱턴으로 가 버릴까 망설이기도 하지만 결국 다시 용기를 내서 타운으로 돌아와 끝내지 못한 개혁의 사명을 달성하려고 애

씁니다.

이 작품은 루이스에게 노벨상을 안겨 주었습니다. 오롯이 미국 이야기로, 배경도 미국을 대표할 수 있는 작은 타운으로 설정되어 있습니다. 『메인스트리트』는 미국의 작은 타운마다 반드시 있는 주요 도로를 가리킵니다. 미국에는 메인스트리트가 없는 타운이 없을 정도로 메인스트리트는 미국의 작은 타운을 대표합니다.

3

그로부터 약 100년 후 '메인스트리트'는 미국인의 신문 기사 제목과 사회의식으로 되돌아왔습니다. 삽시간에 불어 닥친 '월스트리트 점거' 운동은 '메인스트리트 대 월스트리트'라는 중요한 의제를 제기했습니다.

월스트리트는 소수의 금융업에 속하며, 투기와 끝없

는 탐욕, 금전지상주의 정신을 대표합니다. 반면에 메인스트리트는 월스트리트에 상반되는 모든 가치를 상징합니다. 우리가 메인스트리트 대 월스트리트에 관한 여러 가지 논의에서 분명하게 한 가지 문제를 고른다면 그것은 '평등'입니다.

메인스트리트는 작은 타운을 대표하며, 작은 타운의 핵심 정신은 평등입니다. 다시 말해 이들 운동가의 눈에 미국의 근본 가치이자 그들이 월스트리트에 끈질기게 반대하는 정신 역시 평등입니다.

세계에서 가장 발달한 금융자본 체계를 만들고, 전 세계 자본주의에서도 가장 상업화한 사회로 여겨지지만 미국은 평등이라는 가치와 신념을 버린 적이 없습니다. 그것은 미국 건국 초기의 역사 경험에서 비롯되었고, 훗날 미국 법률과 정치 체제에 뿌리를 내렸습니다. 미국 사회는 눈에 띄는 불평등 현상을 다수 용인하고 있지만 불평등을 당연시하는 데는 반대하며, 평등이라는 기본 신념과 가치를 훼손하는 데는 한층 강력히 반대합니다.

100년 전, 두 명의 싱클레어가 써서 미국 사회를 뒤흔든 소설 『정글』과 『메인스트리트』가 널리 알리고자 한 것은 불평등이 불러온 어두운 풍경이었습니다. 100년 후, 메인스트리트로 월스트리트에 대항한 것은 본질상 평등으로 불평등에 반대한 것입니다.

평등은 이렇게 깊숙이 뿌리를 내렸습니다. 다시 말해 100여 년의 역사 변화는 당시 토크빌의 정확한 통찰을 증명했습니다. 미국인은 인류가 전에 보지 못했던 평등 사회를 세웠습니다. 이는 '미국의 민주주의'의 가장 큰 효과이자 가장 고귀한 실험입니다. 나아가 '미국의 민주주의'는 보편적인 인류 문명의 진보에서 가장 큰 성취이자 공헌입니다.

4

이 책의 내용은 2009년 '청핀 강좌'에서 진행한 현대고

전 정독의 산물입니다. 2013년에 나는 청펀 강좌에서 현대 민주주의와 시민의식을 형성하는 데 기여한 현대고전 몇 권을 읽었습니다. 몽테스키외의 『법의 정신』과 루소의 『사회계약론』, 밀의 『자유론』, 하이에크의 『노예의 길』, 롤스의 『정의론』이 그것입니다. 오랜 벗인 황슈루 편집장과 쭤안 출판사의 호의로 이 강의를 '시민 시리즈'로 엮어 출간하기로 했습니다. 서문에 특별히 감사하다는 말씀을 기록해 둡니다.

민주주의란 무엇인지, 시민이란 무엇인지, 시민 사회를 어떻게 세우고 기본적인 시민의 가치를 어떻게 유지할지와 관련해 기꺼이 시간을 할애하고 머리를 써서 이 책들을 읽어 줄 모든 독자에게도 미리 감사를 전합니다.

1

집권과 분권 사이에서 지속된 실험

100여 년간 연방 정부의 권력은 끊임없이 강화되었습니다. 실질적으로

미국 시민에 대한 연방 정부의 관할과 교섭은 갈수록 빈번해지고

조밀해졌습니다. 그러나 정치 이론의 틀에서 보면 미국은 각각의 주가

평등하다는 건국 정신을 포기한 적이 없습니다. 이러한 정신은 대국에서

민주주의를 운용할 수 있도록 하는 중요한 요소이기도 합니다.

왜 현대고전을 읽어야 하는가

나는 오랜 세월 동안 '현대고전' 읽기와 읽기의 자세에 대해 힘주어 말해 왔습니다.

현대고전이란 현대 세계의 모습, 곧 물질이나 정신, 공간이나 가치에 거대한 영향을 미친 책을 가리킵니다. 심하게 말하면 오늘날 우리가 왜 이렇게 생활하고, 이렇게 느끼면서 사는지를 이런 책들이 결정했다고도 말할 수 있습니다. 사상과 관념이라는 말은 얼핏 들으면 추상적이고 허무맹랑하게 느껴지기도 하지만 역사를 되돌아보면 가장 거대한 변화는 사상과 관념에서 시작되곤 했습니다. 지금 우리가 믿는 것, 보고 당연하게 생각하는 일은 거의가 지난날의 사상과 관념의 변화로 인한 것입니다.

현대고전은 사상과 관념을 제시하는 책으로, 이러한 사상과 관념이 책을 통해 새로운 신념을 만들고, 그 책을 읽는 독자를 통해 새로운 행동을 이끌어 냅니다. 오늘날 우리는 보통 의자에 앉지, 온돌 바닥이나 깔개 위에 앉지 않습니다. 오늘날 우리가 멋지다고 생각하는 집은 네모반듯한 형태에 빛이 잘 들어오는 큰 유리창이 있는 집입니다. 오늘날 여성은 스커트를 입고 하이힐을 신으며 눈을 도드라져 보이게 하는 화장을 합니다. 오늘날 사람들은 인생에서 가장 중요한 경험이 연애라 믿고 연애가 결혼의 전제라고 생각합니다. 이것들은 모두 현대 생활의 기본이지만, 역사에서 필연적으로 이뤄진 것이 아니라 각각 특수한 근원을 가지고 있습니다.

현대고전 읽기는 현대 생활을 만든 사상과 관념의 근원으로 거슬러 올라가 우리 자신의 생활을 이해할 수 있도록 돕습니다. 따라서 읽기는 다음과 같은 호기심 어린 질문에서 시작합니다. "왜 우리는 다른 모습이 아닌 바로 이 모습으로 살고 있는가?"

우리는 왜 하루도 돈 없이 못 사는가? 지갑에 돈이 얼마나 있는지, 통장에 찍힌 액수가 얼마인지가 왜 이토록 중요해졌는가? 왜 지금 대부분의 국가에 황제나 국왕이 없는가? 왜 우리 주위의 공간은 자나 컴퍼스로 그린 기하학의 선으로 가득하며, 왜 우리는 곧거나 둥글지 않은 선을 보면 추하고 불편하게 느끼는가?

관념이 담긴 이 중요한 책들을 읽고 과거로 돌아가 탐구함으로써 현재 우리가 처한 현실을 이해하는 것, 그것이 내가 힘주어 말해 온 현대고전 읽기의 기본 태도입니다. 이러한 태도로 탐구하며 읽어야 할 현대고전은 대개 19-20세기의 서양에서 나타났습니다. 우리의 호불호와 관계없이 오늘날의 세계, 오늘날 우리 생활의 큰 부분이 19-20세기 서양의 사상과 관념에 따라 만들어졌습니다. 이러한 세계와 이러한 흐름을 비판하고 변화시키려면 지금의 현실이 어디에서 생겨났는지부터 깊이 이해해야 합니다.

미국인이어서 유감입니다

20세기가 시작될 무렵, 미국에서 가장 뛰어난 소설가를 꼽을 때 남자는 헨리 제임스●를, 여자는 이디스 워튼●●

● 헨리 제임스(Henry James, 1843-1916)는 일찍이 하버드 법대에서 공부했다. 당시의 대다수 미국인과 마찬가지로 청년 시절에는 대서양 양안을 오가며 『아메리칸』, 『여인의 초상』 등의 작품을 썼다. 그의 작품은 구세계와 신세계, 곧 화려하고 매력적

을 듭니다. 이 두 사람의 탁월한 작품을 관통하는 하나의 공통 주제는 '유감'遺憾 정신입니다. 이들의 소설이 빼어난 이유는 그 시대 미국인의 핵심 정서를 잘 포착했기 때문입니다. 두 작가는 미국인이 유럽을 대할 때의 복잡하면서도 부끄러운 내면의식을 이렇게 표현했습니다.

'우리가 유럽인이 아니라 미국인이어서 섭섭하고 유감스럽습니다. 유럽 사회와 비교하면 우리는 이렇게 조악하고 야만스럽게 삽니다.'

1900년 당시 누군가 평범한 미국인에게 "미국이 세계의 리더다"라고 말했다면 그는 십중팔구 이해하지 못하고 동의하기도 어려워했을 겁니다. 미국인은 자신들이 변방, 곧 유럽 문명의 변두리에 있다고 여겼고, 거대한 땅을 보유하고 약간의 부를 쌓는 성취는 이루었지만, 그뿐이라고 여겼습니다.

그러나 100년 후인 2000년이 됐을 때 미국은 변했습니다. 강대국이자 국제 사회의 리더라는 말을 들으면 전 세계 대부분 지역의 사람이 미국을 가장 먼저 떠올립니다. 미국

이지만 부패하고 무너져 가는 봉건 문명과 조악하고 세련되지 못하지만 자유를 뜨겁게 사랑하는 평민의 극단적 대립을 다뤘다. 죽기 1년 전에 영국으로 귀화했다.

●● 이디스 워튼(Edith Wharton, 1862-1937)은 뉴욕 상류사회 출신으로 늘 헨리 제임스와 함께 유럽 여행을 갔다. 제1차 세계대전 전에 프랑스에 영구 거주하기로 결정했을 정도로 프랑스 제국주의의 옹호자였다. 희극성을 띤 풍자 스타일로 세기가 교차하는 시점의 상류사회를 묘사했다. 1920년에 출간한 『순수의 시대』로 퓰리처상을 처음으로 수상한 여성이 됐다.

인도 자신들의 국가가 초강대국이자 세계적으로 유일한 패권 국가임을 당연시합니다.

2001년에 9·11사건이 일어났고, 2003년에는 미국이 이라크에 출병했습니다. 이러한 일련의 변화는 미국의 위상과 능력을 여실히 보여 줍니다. 이라크를 침공했을 때, 미국은 거의 어떤 국가에서도 지지받지 못했고, 우방이라고는 영국뿐이었으나 전혀 개의치 않고 전쟁을 일으켰습니다. 이라크는 군사적으로 약소국이 아닙니다. 대군을 거느렸고, 장기간 무기 개발과 구입에 엄청난 자원을 쏟아부은 나라입니다. 그러나 미국의 적수가 되지는 못했습니다. 미군은 한 달여 만에 일개 중대 병력만을 잃고 이라크의 수도 바그다드로 공격해 들어갔고 후세인 정권을 뒤집어엎었습니다. 미국은 어떠한 도움도 필요하지 않았고, 어떤 국가도 미국을 군사적으로 막을 수 없었습니다.

미국이 일으킨 이라크전쟁에 대해 유럽 국가들은 강력하게 반대하면서 눈을 부릅뜨고 고함쳤습니다. "어떻게 감히 이런 행동을 하는가!" 그러나 미국은 전쟁을 감행했고, 유럽의 시선이나 반대 따위에는 전혀 신경 쓰지 않았습니다.

앞의 두 가지 예를 대조해 보면 20세기가 진정 미국의 세기임을 알 수 있습니다. 20세기 세계 역사에서 가장 중요한 현상은 믿을 수 없는 속도로 국제 맹주가 된 미국의 발흥입니다. 이는 20세기 역사의 주축일 뿐 아니라 21세기 세계 정세를 이해하기 위해 연구해야만 하는 배경이기도 합니다.

정치는 '미국 이야기'의 핵심

100년 전으로 더 거슬러 올라가 봅시다. 19세기에도 한 국가가 발흥하는 현상이 주목받았습니다. 프로이센이 독일을 통일함으로써 독일이 유럽의 강국이 된 일입니다. 20세기 세계사에서 미국의 발흥이 중심 위치를 차지하는 것처럼, 19세기 세계사를 논의할 때는 독일의 발흥을 빠뜨려선 안 됩니다.

하지만 독일과 미국의 발흥을 비교해 보면 미묘하면서도 중요한 차이가 있음을 발견하게 됩니다. 프로이센은 틀림없는 군사 강국이었지만, 통일 후의 독일은 정치와 무력 면에서만 강국이 아니었습니다. 동시에 독일은 문화 대국이기도 했습니다. 철학, 문학, 음악 등의 분야에서 유럽을 경시할 만큼 대단한 성취를 이루었지요. 독일이 발흥한 후에는 감히 독일의 군사력을 가볍게 보는 사람이 없었고, 독일의 문화 역량을 우습게 보는 사람도 없었습니다.

이와 상대적으로 미국이 군사적으로 세계 초강대국이 된 후 자신만만하게 일방주의와 패권주의를 떠들어 댔을 때, 유럽인의 보편적인 태도는 다음과 같은 말로 요약되었습니다. "또 시작이구나!" 미국이 거칠고 우악스럽게 독선을 부린다고 생각한 겁니다.

다시 말해 100년 뒤에도 미국은 여전히 문화적인 지위를 얻지 못했습니다. 유럽 문화와 비교했을 때 미국 문화는 아직 사람들에게 정교하고 세련된 느낌을 주지 못했습니다. 미국인의 문화적 소양도 대체로 유럽인에 미치지 못했지요. 유럽인은 아무런 거리낌도 없이 미국인도 대부분 유럽과 비교했을 때 뒤떨어진 그들의 위상을 인정한다고 믿었습니다.

독일의 발흥과 그 문화는 떼려야 뗄 수 없이 밀접한 관계를 맺고 있습니다. 문화에서 이룬 공헌과 성취를 빼면 독일이 발흥하는 과정을 정확하게 이해할 수 없습니다. 미국은 그렇지 않지요. 미국의 발흥은 문화보다는 정치, 특히 민주 정치에 의한 것이라고 보는 편이 적절합니다. 왜냐하면 미국의 발흥을 이야기할 때, 가장 먼저 거론하는 문제가 예외 없이 미국의 특수한 정치 제도이기 때문입니다. 미국이 세계에 이바지한 최대의 공헌은 200여 년이라는 기간 동안 특수한 정치 제도를 실험했다는 사실입니다. 미국이 건국되기 전에 이러한 제도는 현실에서 극히 드물고 보기 힘들었습니다. 미국이 게으름 부리지 않고 끊임없이 실험을 한 덕분에 오늘날 이 제도는 세계적으로 자연스럽게 여겨집니다.

이것이 '미국 이야기'의 중요한 주제입니다. 미국의 문학, 미술, 음악, 건축, 영화는 이해하지 못하더라도 미국의 정치 제도는 꼭 이해해야 합니다. 바꾸어 말하면, 미국의 정치 제도를 먼저 이해해야만 미국의 문학, 미술, 음악, 건축, 영화를 감상하고 비평할 수 있습니다.

큰 주와 작은 주는 평등하다

미국에서 '정치권력'은 완전히 다르게 분배됐습니다. 정치권력의 기초는 아래에서 위로 올라오는 풀뿌리 민중의 동의이며, 여러 곳으로 나뉘어 한곳에 모이지 않아야 한다는 것이 기본 틀이었습니다.

민주주의는 새로운 관념이 아닙니다. 일찍이 2,000년 전 고대 그리스에서 민주 제도를 만들고 운용했지요. 그러나 역사를 살펴보면 미국이 건국되고 흥성하기 전까지 인류는 민주라는 원칙과 방식을 대규모 토지와 사람을 대상으로 시행해 본 적이 없습니다.

미국 이전의 민주주의는 그리스 폴리스의 민주주의 또는 스위스의 민주주의처럼 작은 나라, 소수의 주민이라는 조건 아래 실시되었습니다. 그것은 직접 민주주의, 곧 소수의 주민이 얼굴을 맞대고 직접 소통하며 모든 사람이 동의하거나 반대할 권리를 갖고 공공의 일을 결정하는 데 영향력을 행사하는 민주주의였습니다. 이러한 방식은 규모가 크고 인구가 많으며 영토가 넓은 국가에서는 시행할 수 없습니다.

영국은 의회라는 대의제 실험에 성공해서 각 구역에서 의원을 선출해 해당 지역의 이익을 대변하도록 했습니다. 그러나 이러한 민주적 분권 위에서 더 큰 권력은 국왕이 가지고 있었습니다. 게다가 영국 국왕은 영국 국교회의 지도자까지 겸해, 작은 권력만을 민주적으로 행사하도록 했을 뿐 크고 중요한 권력은 자신에게 집중시켰습니다.

미국의 정치권력 분배 방식은 이전에는 보지 못한 새로운 것이었습니다. 따라서 오늘날 대부분의 미국인은 '건국의 아버지'Founding Fathers라 부르는 조상들에게 최고의 존경을 표합니다. 미국이 원래 권위를 중요시하지 않는 사회이기는 하지만 미국 역사를 살펴보면 옛 권위를 뒤엎는 사건이 여러 차례 있었고, 수많은 권위와 위인이 의심을 샀습니다. 그러나 건국의 아버지들만큼은 다릅니다. 그들은 줄곧 변함없이 존경받아 왔습니다.

미국 건국의 아버지들이 설계한 정치 제도는 어찌나 세심하게 고안됐는지 시간과 환경의 변화를 겪었는데도 여전히 유효합니다. 시간이 오래될수록, 환경 변화가 클수록 이들의 지혜에 감탄하게 됩니다.

미국 건국의 아버지들이 설계하고 배치한 내용 가운데 핵심 내용 하나는 '각 주 분권제'입니다. 이는 미국의 민주 정치를 이해할 수 있는 중요한 사항이기도 합니다.

미국 의회에는 상원과 하원이 있습니다. 의회가 양원兩院으로 구성된 셈인데, 영국 의회도 상원과 하원의 양원으로 이뤄져 있고, 일본 의회도 참의원과 중의원이라는 양원 시스템으로 구성돼 있지만 미국 의회와는 완전히 다릅니다.

영국의 상하원은 귀족 제도의 유산으로, 국왕의 지위

를 상징하기 위해 만들어졌습니다. 하원은 국민이 투표해 선출하지만 상원은 명예직으로 임명됩니다. 형식상 법안을 통과시킬 때는 상하원을 모두 거쳐야 하지만 실질적인 권력은 하원에 있습니다. 상원은 그저 상징적인 기관일 뿐입니다. 그러나 미국의 상원과 하원은 연방 정부와 각 주의 권력을 나누기 위해 안배된 것입니다. 하원은 인구수에 따라 선출하는데, 전 미국 3억 인구를 400여 개 선거구로 나누고 선거구마다 하원 의원을 한 명씩 뽑습니다. 모든 하원 의원은 동등하게 국민의 뜻을 대표합니다.

그렇다면 상원은 어떨까요? 상원에는 모두 100개의 자리가 있습니다. 50개 주에서 각 주마다 두 자리씩 할당됩니다. 미국에서 인구가 가장 많은 주는 캘리포니아주로 3,800만 명이 살고, 면적은 42만 3,900제곱킬로미터에 달합니다. 여기서 상원 의원 두 명을 뽑습니다. 미국에서 면적이 가장 작은 로드아일랜드주는 면적이 4,000제곱킬로미터로 캘리포니아주와 비교도 안 될 정도로 작고 인구도 100만 명에 불과합니다. 여기서도 상원 의원 두 명을 뽑습니다.

이러한 설계를 보면 각 주에 독립적인 지위가 반영되었음을 알 수 있습니다. 큰 주든 작은 주든 모두 연방 정부의 평등한 구성원이고 상원에서는 모두 평등하게 대우받는 겁니다. 땅이 넓고 인구가 많고 경제가 발달한 큰 주를 위해 작은 주가 자기의 이익을 희생하지 않도록 한 거지요. 연방법은 상원의 인준을 받아야 법률이 됩니다. 따라서 큰 주는 작은 주의 반대를 무시하고 법을 만들 수 없습니다.

승자가 모두 가져가는 선거인단 제도

각 주 상원의 권력이 평등하다는 정신은 '선거인단 제도'라 부르는 미국만의 독특한 제도에서도 나타납니다. 이 제도는 4년마다 언급되고 그때마다 전 세계 언론매체의 정신을 쏙 빼놓습니다.

선거인단 제도는 미국 대통령 선거를 위해 마련된 규정입니다. 미국 시민은 당연히 대통령을 선출할 권리가 있습니다. 4년에 한 번 있는 대통령 선거에서 시민들은 투표소에서 투표용지를 받은 다음 용지 위에 자기가 지지하는 대통령 후보를 표시합니다. 그러나 총통 선거를 하는 타이완을 비롯한 다른 전 세계의 국가와 달리 미국에서는 미국 시민의 표를 얼마나 많이 얻느냐로 대통령이 되지 않습니다.

2000년 조지 부시(아들)는 민주당의 앨 고어를 누르고 대통령이 됐습니다. 그가 획득한 표는 사실 경쟁자인 고어보다 적었습니다. 그러나 그는 선거인단의 표를 더 많이 획득했기에 대통령에 당선되었습니다.●

미국의 선거 역사를 보면 많은 시민의 표를 얻은 후보가 동시에 많은 선거인단의 표를 얻었습니다. 그러나 2000년에는 예외적인 경우가 생긴 거지요.●●

이러한 예외는 미국 정치 제도를 설계한 입장에서 보면 원래 예상이 가능한 일이기도 하고, 발생해야 하는 일이기도 합니다.

● 부시가 얻은 시민 득표수는 5,045만 6,002표, 고어의 득표수는 5,099만 9,897표로, 고어가 54만 3,895표 많았다. 선거인단의 표는 부시가 271표, 고어는 266표로, 부시가 5표 많았다. 플로리다 주의 선거인단 표는 25표다.
●● 미국 역사상 시민의 득표수가 적은데도 결국 대통령이 된 사례가 네 차례 있다. 부시를 제외한 나머지 세 차례는 각각 다음과 같다. 1824년 대통령 선거에서는 네 사람이 각축을 벌였지만 선거인단 표가 모두 반수를 넘지 못했고, 결국 선두 세 사람이 상원에서 투표에 부쳐져, 존 애덤스(John Adams)가 처음 시민 득표, 선거인단 득표에서 모두 선두를 달린 앤드루 잭슨(Andrew Jackson)을 누르고 당선됐다. 1876년에는 공화당의 러더퍼드 헤이스(Rutherford Hayes)가 민주당 새뮤얼 틸던(Samuel Tilden)보다 시민 표는 24만 7,448표 뒤졌지만 선거인단 표가 1표 앞서서 당선됐으며, 1888년에는 공화당의 벤저민 해리슨(Benjamin Harrison)이 민주당의 그로버 클리블랜드(Grover Cleveland)보다 시민 표는 9만 596표 적었지만 선거인단 표가 65표 많아서 당선됐다. ◎ 이 책의 원서가 나온 후 2016년 대통령 선거에서도 같은 일이 있었다. 힐러리 클린턴이 시민 표에서 앞섰지만 도널드 트럼프가 선거인단 표에서 앞선 까닭에 트럼프가 대통령으로 당선되었다.(옮긴이)

'선거인단'이란 뭘까요? 선거인단은 주를 단위로 하고, 각 주마다 이론상 선거인단이 있는데, 그들은 시민으로부터 권한을 위임받아 각 주의 시민을 대표해 투표함으로써 대통령을 뽑습니다. 바꾸어 말하면, 미국 정치 제도에서 대통령은 직접 투표가 아니라 두 단계의 간접 선거를 거쳐 선출되도록 설계되어 있습니다. 시민이 '선거인'을 뽑아서 누구에게 투표할지 결정하도록 하는 것이지, 시민 자신이 직접 대통령을 선출하는 것이 아니라는 말입니다.

그러나 제도가 실제 운용될 때는 '선거인'과 '선거인단'의 투표가 결코 존재하지 않으며, 다만 유령 선거인단이 있을 뿐입니다. 왜냐하면 이들 선거인에게는 자유의지가 없어, 스스로 자신의 선거인 표를 어느 대통령 후보에게 줄지 결정할 수 없기 때문입니다. 그리고 개별 선거인의 투표 없이 각 주 선거인단이 하나의 단위를 형성해 그들의 표를 한 대통령 후보에게 몰아줍니다.

실제로 운용하는 모습은 이렇습니다. 먼저 인구 비례에 따라 대통령 선거 때마다 각 주에 '선거인단 표'의 숫자를 계산합니다. 이 경우의 논리는 하원과 동일합니다. 사람 수를 세어서 인구가 많을수록 '선거인단 표'도 많아집니다. 그런 후 시민이 투표를 하고 투표 결과가 나오면 주를 단위로 그 주의 시민 투표에서 가장 많은 득표를 한 대통령 후보가 그 주의 '선거인단 표' 전부를 얻게 됩니다.

선거인단을 주 단위로 꾸리는 것은 의회 상원과 유사합니다. 각 주의 선거인단 표는 나눌 수 없습니다. 모든 표를 버럭 오바마에게 몰아주거나 밋 롬니에게 몰아주거나 하는 식입니다. 예컨대 어떤 두 주가 있다고 합시다. 인구수는 비슷해서 모두 선거인단에서 10표씩 가지고 있다고 치지요. 오바마가 A주에서 롬니에게 30만 표 차이로 크게 이겼다면 A주 선거인단의 10표도 자연스럽게 오바마가 얻게 됩니다. B주에서 롬니가 100표 차이로 오바마에게 힘겨운 승리를 거두었다고 칩시다. 그래도 롬니는 B주 선거인단의 10표를 통째로 가져가는 겁니다. 두 주를 합쳐 시민의 득표만 보면 오바마가 29만 9,900표를 앞선 셈이지만, 실제로 당선을 결정하는 선거인단 표로 보면 두 사람은 10표 대 10표로 비긴 것이 됩니다.

이게 공평한 일일까요? B주 시민의 49.9퍼센트가 오바마를 지지하는데도 결과적으로 그들의 표는 아무런 효과를 발휘하지 못하고 철저하게 소멸되는 겁니다. 선거인단 표에도 전혀 반영되지 않습니다. 투표의 효력을 완전히 박탈당하는 것과 뭐가 다릅니까?

또 이렇게 하면 정치적 후유증을 남기겠지요. 이긴 자가 표를 모두 가져간다는 조건 아래에서 후보인 내가 A주에서 상대 후보에게 10퍼센트 뒤지고 있다는 계산이 나온다면 상대방을 쫓아가는 데 엄청난 자원과 시간을 쏟아부어야 합니다. 그렇다면 아예 A주를 깔끔하게 포기하겠지요. 10퍼센트 뒤지거나 30퍼센트 뒤지거나 선거인단 표는 완전히 동일할 테니 굳이 A주의 시민에게 신경 쓸 필요가 없겠지요. 얻을 것이 없는데 왜 노력하겠습니까? 내가 노력하지 않는다면 내 상대 역시 A주에서 치르는 경선을 중시하지 않을 겁니다. 그로서도 A주에서 자신의 우위를 확장하기 위해 애쓸 필요가 없어지니까요. 그렇게 되면 A주 시민은 푸대접받고 무시당하지 않겠습니까?

맞습니다. 이 제도는 숱한 문제점으로 4년마다 논쟁을 되풀이합니다. 그러나 2000년에 투표 결과 발표가 늦춰지면서 대통령 확정이 지연되자 연방 최고 법원 판사가 투표를 통해 부시가 플로리다주에서 승리했다고 확정했고, 부시의 시민 득표수가 고어에 미치지 못했음에도 선거인단 표가 많다는 이유로 대통령이 됐습니다. 게다가 선거 논쟁으로 당시 미국 대통령은 예정된 2001년 1월 20일에 취임 선서를 할 수 없었고 3월이 되어서야 임기를 시작했습니다.

그러나 오늘날에 이르기까지 선거인단 제도는 폐지되지 않았고, 미국은 여전히 간단하고 공평한 시민 직접 투표로 대통령을 뽑을 수 없습니다.

선거인단 제도는 여러 가지 단점이 있지만 장점이 하나 있습니다. 그것은 선거인단 제도가 각 주 분권의 원칙을 유지함으로써 미국이 모든 시민이 함께 혼재하는 일반 국가가 아니라 각 주로 구성된 연방임을 드러내 보여 준다는 점입니다. 주는 시민과 국가 사이에 있습니다. 혹은 이렇게 말할 수 있습니다. 미국 시민은 직접 연방에 예속되지 않으며, 한 주의 시민 신분으로 주를 통해 연방과 관계를 맺는다고요.

100여 년간 연방 정부의 권력은 끊임없이 강화되었습니다. 실질적으로 미국 시민에 대한 연방 정부의 관할과 교섭은 갈수록 빈번해지고 조밀해졌습니다. 그러나 정치 이론의 틀에서 보면 미국은 각각의 주가 평등하다는 건국 정신을 포기한 적이 없습니다. 이러한 정신은 대국에서 민주주의를 운용할 수 있도록 하는 중요한 요소이기도 합니다.

'국가'를 정의하는 세 가지 권력 기구

'국가'란 무엇일까요? 인류 역사상 국가의 성격과 국가의 정의는 끊임없이 바뀌었습니다. 서양 봉건 시대에는 교회가 가장 중요했고, 교회와 교회가 대표하는 '신의 도시', '신의 나라'와 비교하면 국가는 그다음으로, 세속 정치는 중요하지 않았습니다. 르네상스 시대에는 이탈리아의 도시 국가들이 흥기함으로써 세속 정치가 비교적 높은 위상을 얻었습니다. 이로 인해 마키아벨리의 『군주론』이 고전이 됐지요. 이 책은 직접적이고 적나라하게 세속 정치에 대해 말합니다.

르네상스 이후 국가는 점차 교회에서 벗어나서 독립적 지위를 갖게 됐습니다. 영국 국왕 헨리 8세는 영국 국교회를 세우고 국왕이 교회 지도자까지 겸하도록 했습니다. 이는 세속의 지도자가 종교 지도자를 압도한 것과 같으며, 다시금 국가의 위상을 높였습니다. 프랑스 국왕 루이 14세가 거둔 눈부신 성취 또한 국가의 역사에 새로운 장을 열었습니다. 지난날 교회와 교파를 먼저 인정하고 그다음 봉건 영주, 마지막으로 국가와 국왕을 인정했던 유럽인은 루이 14

세 이후로 국가를 가장 먼저 인정하게 됐습니다.

중국의 사정은 이와 또 다릅니다. 중국은 전통적으로 천하중심관을 품고 있어서 나만이 존귀하다는 의식이 있었습니다. 국가에 대한 인식은 근대에 들어 서양과 접촉하면서, 특히 서양의 압박을 겪고 난 후에 생겨났습니다. 이러한 국가 의식에서 가장 중요하게 고려한 사항은 어떻게 스스로를 조절해서 중국을 세계 여러 나라 중의 한 나라로 볼 것인가, 다른 나라와의 관계를 어떻게 생각하고 안배할 것인가 하는 점이었습니다.

민주주의 원칙을 가진 연방제에 기반하고 있는 미국은 또 다른 방향에서 국가의 정의에 영향을 줬습니다. 국가를 조직할 때 변화를 가함으로써 일반적인 국가와 국민의 관계에 충격을 준 겁니다. 미국 이전에 유럽, 심지어 전 세계의 '국민/국가' 관계는 두 가지 모델을 벗어나지 못했습니다. 하나는 계층에 따라 권한을 행사하는 봉건 영주 제도로 아래층이 위층에 예속되어 위를 향해 한 층 한 층 올라가는 모델입니다. 다른 하나는 중앙 집권으로, 권력이 중앙에서 사방으로 내뻗치는 방식인데 중앙에서 관리를 직접 파견해 각 지방의 평민을 통치하는 모델입니다.

미국의 제도는 다른 종류의 조직을 만들어 냈을 뿐 아

니라 조직의 원리도 철저하게 뒤집어 놓았습니다. 국가는 국민을 위해 존재하고, 국민은 국가를 이루는 형식을 결정합니다. 권력의 분배와 지배가 위에서 아래로가 아니라 아래에서 위로 이뤄집니다. 각 지방의 주민 회의에서 어떠한 형태의 주 정부가 필요한지, 어떤 사무를 주 정부가 관할하도록 할지, 또 어떤 사무는 주 정부에서 개입하거나 침범할 수 없는지를 결정합니다. 각 주의 주 의회와 주 정부는 연방 정부의 권력 범위와 권력 집행 방식을 결정합니다. 이러한 국가는 미국 이전에는 이론으로만 있었지 현실 세계에 존재한 적이 없습니다.

미국 민주주의의 특별한 발명: 대통령제

민주주의의 발전 과정에서 영국과 프랑스도 역사상 중요한 역할을 담당합니다. 그러나 오늘날까지 영국과 프랑스의 정치 제도 또한 미국 역사, 미국의 경험에서 강한 영향을 받았습니다.

영국은 가장 오래된 민주 국가로서 인류에게 가장 먼

저 민주적 사고와 민주주의 실험을 제공했습니다. 그러나 역사적으로 보면 영국의 민주주의는 봉건 제도 위에서 진행된 것이고, 특정한 역사 상황에서 무력했던 국왕이 어쩔 수 없이 아랫사람에게 권리 일부를 양도하는 방식이었습니다. 국왕과 귀족은 여전히 존재했고, 아래로부터 위로의 분권은 줄곧 밀고 당기는 타협의 결과이자 상하의 묵계였으므로 성문화된 규정이 없었습니다. 이러한 민주주의는 수백 년간 운용되면서 바뀌고 조정됐습니다. 그러나 첫째, 다른 나라는 영국의 특수한 봉건적 역사 상황을 복제할 수 없었기에 영국의 사례를 본떠 운용할 만한 민주주의를 만들어 낼 수 없었습니다. 둘째, 영국도 이러한 성문화되지 않은 전통 관습과 신념을 유지하기가 어려웠기에 수십 년간 정치 제도를 분명하게 '성문화'하는 방향으로 변화하고자 했습니다. 또한 주기적으로 역사의 유적일 뿐 실질적 효과가 없는 상원을 폐지하자는 목소리가 높아졌습니다.

프랑스에서 '제5공화국' 헌정 제도의 가장 큰 특색은 이원집정부제입니다. 두 수장인 대통령과 총리를 시민이 직접 뽑는 방식으로 수준 높은 선거 제도인데, 대통령과 총리는 각각 다른 정당에 소속될 수 있습니다. 두 수장으로 이뤄진 쌍두마차는 물론 안정된 통치 구조가 될 수 없습니다.

그러나 반대로 이러한 불안정한 구조가 프랑스에서는 가장 오랫동안 유지됐습니다. 그 원인은 두 수장이 한편으로 프랑스 중앙 집권이라는 역사적 모델을 유지해 대통령이 국가를 대표하고, 다른 한편으로 총리가 의회를 맡아 분권과 시민의 요구를 살필 수 있기 때문입니다. 프랑스인은 중앙적 사유에서 벗어나지 못했지만 분권을 실현할 수 있는 민주주의적 방법을 찾아내야 했습니다. 그래야만 끊임없이 반복되는 변란에서 벗어날 수 있었기 때문입니다.

대통령제는 미국 민주주의의 특수한 발명으로, 원래는 각 주 연방의 조직에 부응하려고 만들어졌습니다. 영국의 민주주의는 내각 제도로 실현됐는데, 각각의 선거구에서 자신의 대표를 선출해 그가 정치 정책 결정에 참여하게 했습니다. 정치권력을 장악하고자 하는 사람이라면 누구든 먼저 선거구의 대표 신분이 되어야만 자격을 획득할 수 있었습니다.

미국은 이 길을 가지 않았고, 갈 수도 없었습니다. 주가 핵심 단위였기 때문입니다. 연방 정부는 직접 미국 시민을 통치하지 않고, 또 시민이 선출한 대표가 연방의 권력을 행사하도록 해서도 안 됩니다. 연방 대통령의 역할은 기본적으로 각 주 정부 사이의 조정자이고, 연방 정부의 역할은 각 주 정부에 봉사하는 것이지 미국 시민을 통할統轄하는 것이 아닙니다. 각 주에서 선거인단을 조직하고, 이 선거인단이 간접 투표로 대통령을 선출하도록 한 것이 최초의 설계이기 때문입니다.

그러나 연방 대통령의 역할은 어쩔 수 없이 바뀌었습니다. 그는 대외적으로 미국의 대표이고 연방의 군을 지도할 책임이 있는 데다 주 사이의 업무를 총괄하는 사람입니다. 각 주가 여러 가지 사정상 쉽게 인식을 공유하지 못하면 현실적으로 대통령이 결단을 내릴 수밖에 없습니다. 나아가 연방의 조직력을 이용해 그 결정이 관철되도록 할 수 있습니다. 처음 설계가 어찌 됐든, 대통령이 된 사람의 태도가 어떻든, 미국 연방이 존재하고 운영되며 발전하려면 대통령의 권력은 갈수록 강력해질 수밖에 없습니다.

토머스 제퍼슨은 아주 재미있는 사례입니다. 그는 대통령 재임 시절에 중요한 공적을 세웠습니다. 약간의 자금을 투입해 프랑스에서 큰 토지를 사들인 겁니다. 바로 루이지애나 땅입니다. 루이지애나라는 이름은 프랑스 국왕 루이의 토지라는 뜻입니다. 루이지애나는 오랫동안 줄곧 프랑스의 식민지로서 미시시피강 남부에서 바다로 나가는 지역을 차지하고 있었습니다. 프랑스에서 난리가 난 틈을 이

용해 사들인 이 땅은 이후 미국의 발전에 중요한 의미를 지니게 됩니다.●

그러나 이 일을 마무리 짓고 나서 제퍼슨은 우쭐거리며 뽐내기는커녕 평생 편치 않아합니다. 왜냐하면 그는 분권파로서 연방 권력이 아래로부터 위로 향해야 한다는 원칙을 굳게 믿고 있었는데, 이 원칙에서 보면 그가 헌법에서 부여한 대통령의 권력을 심각하게 뛰어넘었기 때문입니다. 대통령은 각 주의 관계를 안배하고 조화시키는 역할을 맡고 있을 뿐, 헌법에서 대통령에게 부여하지 않은 권력을 가지고 자신이 한 주를 만들어 낸 겁니다. 그는 루이지애나를 사들인 것은 옳은 결정이라고 생각했고 루이지애나를 한 주로 연방에 가입시킨 것도 옳다고 여겼지만, 마음속으로는 여전히 걸리는 대목이 있었습니다. '대통령에게 새로운 주를 만들 권한이 있다면 그것은 연방과 각 주 사이의 권력 분배를 파괴하지 않을까?'

이 사건은 다음과 같은 내용을 분명하게 알려 줍니다.

첫째, 미국 헌법은 최초에 대통령에게 매우 제한된 권력만을 부여했습니다. 그러나 둘째, 이러한 대통령의 역할이 각 주 사이를 조화시키는 권력에 머물 수는 없었습니다.

● 미국은 1,125만 달러의 돈과 375만 달러의 채무 변제를 조건으로, 모두 1,500만 달러에 프랑스에서 214만 제곱킬로미터의 루이지애나 땅을 사들였다. 1제곱킬로미터당 7달러의 가격으로 구입한 셈이다. 당시 프랑스는 나폴레옹이 제1통령으로서 지속적으로 대혁명을 진행하고 유럽의 구세력과 전쟁을 벌이고 있었다.

제퍼슨은 역사적 상황의 압박으로 어쩔 수 없이 대통령의 권력을 확장하고 미국을 대신해 광대한 토지를 보유한 주를 새롭게 늘렸지만 말입니다.

　역사 전체로 보면 200여 년간 미국 대통령의 권력은 갈수록 커졌습니다. 그러나 권력의 크기는 절대적이지 않았습니다. 여러 대통령이 그 권력을 대하고 행사하는 방식은 제각각이었습니다. 2008년 재임한 부시는 끊임없이 대통령의 권력을 확장했습니다. 반테러 전쟁이라는 명분으로 의회를 부단히 압박하고 의회가 자신을 감독하는 걸 거부했으며, 행정부가 전범으로 의심되는 사람을 재판 없이 무기한 구금할 수 있는 권한을 가졌다면서 사법권마저 넘어서려고 했습니다. 그러나 부시가 확대한 대통력의 권력이 오바마에게 계승되지는 않았습니다. 오바마는 상대적으로 대통령의 권력을 상당 부분 축소했습니다.

　미국 역사상 영향력을 크게 확장한 대통령이 몇 사람 있습니다. 그들은 재임 시에 권력을 확장했고 확장한 권력으로 관례나 제도를 만들어 후임자에게 넘겨줬습니다. 20세기에 권력을 가장 확대한 대통령은 미국의 제2차 세계대전 참전을 결정한 프랭클린 루스벨트입니다. 19세기에 권력을 가장 확대한 대통령은 남북전쟁을 일으킨 에이브러햄

링컨입니다.

연방을 위해 일전도 불사하다

1861년부터 1865년까지 미국은 남북전쟁을 치렀습니다. 이 전쟁은 역사적으로 두 가지 의미가 있습니다. 하나는 여러분이 잘 알고 있는 노예제 폐지입니다. 노예제 폐지를 주장한 북부와 이를 반대한 남부는 타협할 수 없었고, 결국 전쟁으로 문제를 해결할 수밖에 없었습니다. 그러나 이 밖에도 이 전쟁은 정치 체제에 중대한 영향을 끼쳤습니다.

1861년, 당시 미국 대통령 링컨은 남부를 공격하기로 결정했습니다. 그 이유는 남부가 노예제를 유지해서가 아니라, 남부가 연방에서 탈퇴하려 한 데다 스스로 조직을 만들어 '맹방'confederacy이라 불렀기 때문입니다. 링컨은 무력을 동원해 남부의 연방 이탈을 저지하려 했습니다.

이러한 움직임은 사실 1863년의 노예제 폐지령으로 더욱 빨라졌습니다. 1776년의 독립 선언, 1787년에 제정한 미국 헌법은 모두 13개 주를 기초로 합니다. 다시 말해, 당초 영국의 식민지였던 13개 주가 모두 동의한 상태에서 연방제의 아메리카 합중국이 탄생한 겁니다. 미국의 정식 명칭은 'United States of America'입니다. 이를 번역하면 아메리카 합중국合衆國입니다. 다만 원문을 살펴보면 이 국가는 '합중'合衆이 아니라 '합주'合州로 이뤄진 것으로, 아메리카의 각 주가 연합해 세운 겁니다.

1861년, 남부 각 주는 처음의 연방제 정신에 근거해 연방에서 탈퇴하기로 결정했습니다. 이 나라는 각 주의 동의 아래 세워졌고 그래야만 존재하는데, 지금의 연방 정부는 북부의 주들이 이끌면서 남부로서는 받아들일 수 없는, 남부의 이익에 심각한 손해를 입히는 정책을 만들어 내고 있으므로 더 이상 이 조직에 머물 이유가 없다고 결정한 겁니다. 말하자면 '북부가 하는 대로 따르기 싫으니 여기서 나가서 우리만의 새로운 연방을 만들 거야' 이렇게 된 겁니다. 이러한 남부의 생각은 곧 남부의 행동 강령이기도 했습니다.

링컨은 군대를 동원하면서 또 하나의 완전히 다른 논리를 내세웠습니다. 연방은 일단 세워지고 나면 국가의 온전함과 신성성을 지켜야 하므로 연방 내 각 주의 일방적인 탈퇴를 용인하면 이 국가를 정상적으로 운용할 수 없고, 연방 내 각 주는 국가로부터 안정적으로 보호받을 수 없다는 것이었습니다. 연방의 대통령으로서 연방의 존엄과 존립을 위해 링컨은 이렇게 일전을 불사했습니다.

이에 따라 남북전쟁의 결과는 흑인 노예를 해방시켰을 뿐 아니라 연방 정부의 지위도 대폭 끌어올렸습니다. 연방 정부는 각 주로부터 독립했고, 각 주를 능가하는 권위를 누리게 됐습니다. 각 주는 임의로 연방에 대한 지지를 철회할 수도, 연방 정부의 규정과 명령을 임의로 거부할 수도 없게 됐습니다. 남북전쟁은 연방과 각 주의 권력의 승부를 가르는 핵심이었습니다.

그러나 남북전쟁이 끝나고 150년이 흐른 지금도 미국은 여전히 단순한 연방 중앙 집권제로 거듭나지 못했습니다. 각 주의 분권 정신이 미국 정치에 여전히 살아 있기 때문입니다. 심지어 남부에서 이 남북전쟁의 기억을 오래도록 마음속 깊이 담아 둔 까닭에 미국 사회는 더 조심스럽게 각 주 분권의 상징을 보호하게 되었습니다. 선거인단제를 줄곧 유지하는 것도 두드러진 사례 중 하나입니다.

주의 것은 주에, 연방의 것은 연방에

오늘날까지도 미국 각 주 사이에는 여전히 큰 차이가 있습니다. 연방에는 연방 헌법이 있고, 각 주에는 각 주의 헌법이 있습니다. 또한 각 주의 독립적 권력 범위에 속하는 수많은 법률과 제도가 규정되어 있어서 연방은 이를 침범할 수 없습니다.

우리의 관념으로 보면 사실 '미국 법률'도 '미국 교육'도 존재하지 않습니다.

미국의 어떤 주에는 사형이 있고 어떤 주에는 사형이 없습니다. 따라서 같은 수법으로 같은 범죄를 저질러도 어느 주에서는 사형을 선고받는데, 주 경계를 넘어가거나 옆 주에서 같은 범죄를 저지르면 사형보다 누그러진 종신형을 받기도 합니다. 타이완에는 아주 유명한 법률 조항이 있습니다. '삼진三振 조항'이라는 것인데, 한 사람이 중죄를 세 번 저지르면 무기형에 처한다는 규정입니다. 나는 신문지상에서 여러 차례 삼진 조항에 관해 갑론을박하는 것을 지켜보았습니다. 법학을 전공한 한 전문가는 그것을 미국 법률이라고 부르더군요. 하지만 이 법률은 미국 캘리포니아주에만 적용되는 것으로, 캘리포니아주 의회에서 제정한 겁니다.

나는 타이완의 학부모들이 미국 학제에 대해 토론하면서 아주 간단한 문제로 얼굴을 붉히며 다투는 모습도 보았습니다. 미국의 초등학교는 몇 학년제인지, 또 미국의 중고등학교는 몇 학년제인지 하는 것이었습니다. 그들이 그토록 다툰 이유는 미국 전체에 적용되는 학제가 있다고 상정했기 때문입니다. 그러나 미국에서 초중등학교 학제는 주가 정하도록 되어 있습니다. 다시 말해 연방 정부가 아닌 각 주 정부가 학제를 결정합니다. 수많은 주에서는 주 아래 소속된 시나 카운티 등에서 자기 지역의 필요에 따라 학제를 스스로 결정하도록 하고 있습니다. 곧 주마다 초중등학교 학제가 다를 수 있으며, 때로는 같은 주 안에 소속된 여러 지역에서 각각 다른 학제를 운용할 수도 있다는 이야기입니다.

미국의 주는 타이완의 현縣과 다르고 중국의 성省과도 다릅니다. 중국의 성 위원회 서기는 당 중앙에서 파견하며 중앙은 언제든 성 위원회 서기의 권력을 회수할 수 있습니다. 타이완의 현장은 민선이라 임기 중에는 중앙 정부의 통제를 받지 않지만 현장과 현 의회의 권력은 극도로 제한되어 있어서 현재 절대다수의 사무를 통일된 법률과 행정 명령에 따라야 합니다. 더 중요한 것은, 타이완에는 독립적인 현 법원이 있을 수 없고, 중국에도 독립적인 성 법원이라는 게 있을 수 없다는 점입니다. 모든 법원은 중앙에서 지방까지 통합된 하나의 시스템입니다.

미국에서 주지사의 권력은 무척 큽니다. 주 내의 사무를 관리하고 통제할 때는 대통령보다 큰 권력을 가집니다. 사형이 있는 주에서는 주의 검사장이 사형 명령을 제출하고 주지사가 서명합니다. 그리고 주지사만이 사형수를 사면할 수 있는 권한을 갖는데, 이는 주 내 최고 통치권인 특별사면권이 주지사에게 전속되어 있으며 연방 대통령은 주 내 사법 처리에 간여할 권한이 없음을 상징합니다.

각 주의 법원은 기본적으로 각 주의 법률에 의거해 심의하고 재판하며, 그 최종심 법원 또한 주의 최고 법원이지 연방과 무관합니다. 미국 문건에 'supreme court'라는 단어가 나올 때는 그냥 간단하게 최고 법원이라고 번역해선 안 되고, 연방 최고 법원이라고 번역해도 안 됩니다. 주마다 최고 법원이 있으므로 앞뒤 문맥을 잘 살펴서 이 단어가 가리키는 것이 어느 최고 법원인지 확인해야 합니다. 특수한 상황에서 사건이 여러 주와 관련된다고 판단되는 경우 또는 연방 법률과 관련되는 경우에만 연방 법원에 안건을 상소할 수 있습니다. 각 주의 법원과 연방 법원 사이의 구분은 무척이나 뚜렷하고 엄격합니다.

각 주를 독립된 단위로 보는 분권제는 역사적으로 엄청난 역할을 했고, 미국이라는 방대한 규모의 나라에 민주주의를 적용할 수 있도록 해 줬습니다. 연방과 각 주 사이에는 복잡하게 밀고 당기는 집권集權과 분권 관계가 존재합니다. 상대적으로 주 정부와 그 아래 있는 시나 카운티 정부 사이에도 비슷한 집권과 분권의 변증 관계가 있습니다. 분권 덕분에 민주주의가 실현되어 모든 시민이 일상생활을 하면서 정치에 참여할 수 있습니다. 또한 집권 덕분에 국가는 그 방대한 규모를 유지하면서 붕괴되지 않을 수 있습니다. 200여 년간 미국은 집권과 분권 사이에서 실험을 지속해 왔습니다. 실험의 성패는 미국의 성쇠뿐 아니라 민주주의 제도의 효과와 타당성을 결정했습니다.

2

미국에 온 두 프랑스인

자국 프랑스의 혼탁한 정국으로 혼란에 빠진 두 관료 토크빌과 보몽은

미국에 가서 감옥 행정 상황을 둘러보고 가능한 해결책을 찾고자 했다.

9개월간의 유랑을 거쳐 보몽은 미국 인종 문제를 부각한 소설을 썼고,

토크빌은 프랑스인에게 미국의 민주주의를 인식시킨 고전 두 권을 집필했다.

민주주의는 좋은 것

　미국은 인류 정치 경험의 실험장입니다. 200-300년에 걸친 실험은 이전에 없던 수많은 정치적 배치를 만들어 냈고, 나아가 이러한 신선한 배치는 정치라는 일의 본질을 바꿨으며, 정치와 사람의 생활의 관계를 변화시켰습니다.

　역사를 돌아보면 미국이 세계에 영향을 주기 전 존재했던 모든 사회의 정치는 어느 곳에 있든, 어떠한 문화 전통에서 발원했든 간에 모두 기본적으로 전통형이었습니다. 전통형 정치의 가장 큰 특징은 중국에서 오래전부터 내려오는 "하늘은 높고 황제는 멀다"라는 말처럼, 이러한 사회에서 사는 절대다수의 사람이 평생 정치와 무관하게 살고 정치가 필요하지도 않으며 정치와 관계 맺을 일 자체가 없다는 점입니다. 정치는 극소수 사람의 일이었습니다. 이들 극소수의 사람을 제외한 다른 사람은 정치를 알지도 못했고, 알 필요도 없었으며, 정치를 알려고 한 적도, 정치와 접촉해 본 적조차 없었습니다. 그들은 그저 수동적으로 정치를 받아들였지, 능동적으로 정치와 어떤 관계를 맺지 않았습니다.

미국 덕분에, 더 정확하게 말하면, 미국에서 진행된 대규모 민주 시스템이 실험되고 나서야 오늘날의 세계는 현대형 정치 사회를 보편적으로 받아들이게 됐습니다. 현대 사회에서 살면서 매일 정치와 정부에 둘러싸여, 우리는 이렇게 고도로 정치화된 사회가 인류 역사에서 보면 평범하지 않은 상태라는 걸 쉽게 잊어버립니다.

인류 역사상 절대다수의 시간, 절대다수의 사회에서 정치와 생활은 먼 거리를 유지했습니다. 정치는 일반인의 생활 의식에서 작디작은 부분을 차지했을 뿐입니다. 그것이야말로 일반적인 상태였지요. 하지만 오늘날 우리는 충분히 정치의 존재를 의식하면서 살아갑니다. 정치에 관심을 갖고 토론하고 참여하기도 합니다. 이는 최근 100-200년 사이에 나타난 변화입니다. 이러한 전 세계적 변화를 이끌어 내도록 자극하고 고무한 것이 하나의 주요한 힘, 곧 미국의 경험, 미국의 민주주의이며, 미국이라는 나라가 이토록 빠르게 강대국이 됐다는 사실입니다. 민주주의라는 개념은 미국의 경험을 거쳐 하나의 사실이 됐고, 나아가 국가를 부강하게 하는 비결이 됐습니다. 유럽, 특히 문화적으로 미국을 깔보던 프랑스마저도 민주주의가 좋은 것임을 부인할 수 없었고, 자신들의 정치 제도 또한 민주주의 쪽으로 향하도록 부단히 조정할 수밖에 없었습니다.

그러나 민주주의의 전제는 일반인이 참여하고, 나아가 정치적 결정을 책임진다는 뜻입니다. 이로 인해 정치에 관한 소식이 대량 생산되고, 사회에서 빠르게 널리 퍼지면서 사회가 고도로 정치화되는 결과를 빚어냅니다.

공화제는 작은 나라에만 적용되지 않는다

미국이 발흥하기 전 유럽인의 민주주의에 대한 인식은 기본적으로 역사성을 띠었습니다. '민주주의'라는 말을 들었을 때 그들의 뇌리에 어렴풋이 떠오르는 것은 어떤 현실의 국가나 정권이 아니라 고대 그리스의 폴리스와 로마 추기의 공화 제도였습니다.

역사에서 얻은 지식에 따라 유럽인은 민주주의가 작은 정치체에만 적용될 수 있다고 보편적으로 믿었습니다.

토크빌의 전 세대인 몽테스키외는 명저 『법의 정신』에서 예로부터 당시까지 인류의 정치 제도를 정리하고 모든 정치 체제를 크게 셋으로 분류했습니다. 공화 제도, 군주 제도, 독재 제도가 그것으로, 공화 제도는 다시 민주제(평민 공화제)와 귀족 공화제로 나뉩니다.

『법의 정신』 1권 8장에 보면 '공화의 뚜렷한 특성'이라는 소제목이 나옵니다. 몽테스키외는 여기서 분명하게 밝힙니다.

공화는 작은 영역을 관할한다. 자연의 일은 말할 것도 없다. 그러지 않으면 공화는 장기간 지속될 방법이 없다. 영토가 비교적 광대한 공화국에서 어떤 이는 비교적 많은 재부를 통제할 것이며, 그로 인해 절제가 줄어들 것이다. 국가에는 너무 복잡하고 엄중한 사무가 있으므로 평민에게 처리하도록 할 수 없다. 평민은 자신의 이익이 있다. 그는 동포에게 압력을 가해 더 큰 즐거움과 영광을 얻을 기회가 자신에게 있음을 금방 자각한다. 그래서 그는 국가라는 폐허 위에 자신의 영광을 쌓는다.

국토의 면적이 넓은 공화국에서 공공의 이익은 온갖 개인의 견해에 가려지고 수많은 예외와 뜻밖의 경우 아래 파묻힌다. 작은 공화국에서 공공 이익은 비교적 뚜렷해 이해하기가 쉽다. 모든 시민의 일상 행위의 범위 내에서 규율을 위반하는 행위는 그렇게 많을 수 없고 물론 숨겨질 수도 없다.

어찌 보면 몽테스키외도 민주 공화제는 작은 국가에 가장 적절한 정치 제도라고 주장했음을 알 수 있습니다.

극소수의 특수한 환경을 제외하면 공화정체가 아닌 정치 체제는 단일한 도시 규모의 국가를 장기간 유지하기가 매우 어렵다. 작은 국가의 군주는 자연스럽게 자기 백성을 압박하는 경향을 가지게 된다. 그의 권력이 너무나 큰 데 반해 그가 권력이나 영광을 누릴 수 있는 수단은 매우 제한되어 있기 때문이다. 그 결과로 자기 백성을 유린하게 된다. 관점을 바꾸어 보면, 이러한 군주는 외부 세력 또는 내부에 있는 자신의 반대 세력에 공격당해 무너지기 쉽다. 백성은 언제라도 단결해 그를 내쫓을 수 있다.

유사한 관점은 『법의 정신』 곳곳에 산재해 있습니다. 더 중요한 것은 몽테스키외의 관점이 18세기 중엽 유럽의 보편적인 견해라는 점입니다. 공화제는 소규모 사회에서만 성공할 수 있으며 프랑스, 스페인, 폴란드, 러시아 등은 공화 방식으로 통치할 수 없다는 것입니다.

이러한 상식을 공유한 상태에서 갑자기 미국에서 독립 전쟁이 일어납니다. 이어서 미국 헌법도 나타나지요. 북미 신대륙에서는 유럽의 상식에 어긋나는, 상대적으로 방대한 토지와 많은 인구를 민주적 방식으로 조직하고 다스리고자 하는 정치 실험이 벌어지고 있었습니다.

토크빌이 책을 쓴 1830년대에는 대규모 민주 공화제가 가능하다는 미국 정치 실험의 성과가 기본적으로 확정되었습니다. 그렇습니다. 인류는 정치 문제를 두고 반드시 미국의 경험을 철저히 새롭게 생각해 봐야만 했습니다.

팸플릿에 웅변을 담아 이념을 전파하다

미국 정치 실험의 공식적인 출발점은 1776년의 독립

선언입니다. 미국 독립 혁명●은 영국의 식민지 정책에 반대하는 무장 저항이었을 뿐 아니라 영국의 통치에서 벗어나려는 움직임이었습니다. 독립 혁명 이전 그리고 독립 혁명이 성공한 후 수십 년간 각종 사상과 이념이 끊임없이 논의됐습니다. 미국 독립 혁명은 사상의 혁명에서 출발해 행동의 혁명으로 이어졌습니다.

미국 독립 혁명의 사상과 이념을 전한 중요한 수단은 팸플릿, 곧 소책자였습니다. 이는 당시 영국과 프랑스에서 대중에게 널리 소식을 전하는 방법으로 유행해, 훗날 북미까지 전해졌습니다. 당시에는 매체가 그다지 발달하지 못해서 라디오나 텔레비전이 없는 것은 물론이고 신문 발행량도 많지 않았으며 신문 종류도 별로 없었습니다. 그러니 낯선 군중과 접촉하고 그들을 동원하려고 할 때 가장 먼저 하는 일은 팸플릿을 쓰는 것이었습니다.

팸플릿에는 보통 선동적 언어를 사용하며 연설문 형태로 글을 씁니다. 글을 읽을 줄 아는 사람이 글을 모르는 사람에게 직접 내용을 읽어 줬고, 사람들을 모아 놓고 크게 낭독함으로써 영향력을 확대하는 경우도 있었습니다. 팸플릿은 글자 수가 많지 않았지만 표어 몇 구절을 넣는다고 완성

● 대영제국 식민지였던 북아메리카 지역 식민지들이 들고일어나 영국을 굴복시키고 대영제국의 식민지 중 처음으로 독립을 쟁취한 사건. 근대적 민주주의 국가의 체제와 토대를 만든 세계사의 첫 사례이며, 미국 역사의 시작을 알리는 신호탄 같은 사건이기도 하다. 이런 역사적 의미를 기리기 위해 '혁명'이라 불린다.(옮긴이)

되는 것도 아니었습니다. 도도한 웅변이 가득 담겨야 했습니다. 그래야만 사람을 끌어들여 낭독하게 할 수 있었지요. 따라서 팸플릿은 통상 사람들의 정서를 자극할 수 있는 온갖 실제 사례가 있어야 했고, 그러한 사례를 관통하는 명쾌한 관념도 갖추어야 했습니다.

한 사람이 팸플릿을 써서 주의를 끌면, 그와 생각을 함께하거나 그를 지지하는 사람이 다시 팸플릿을 필사했습니다. 물론 다른 팸플릿을 써서 그의 의견에 반대하거나 비판하는 사람도 나왔습니다. 팸플릿은 말하자면 관념이 유통되는 통로였으며 변론하고 다투는 마당이었습니다.

우리는 토머스 페인이 남긴 책에서 이러한 소책자의 내용을 확인할 수 있습니다. 페인이 주장한 미국 혁명이 담긴 소책자(『상식』과 『위기』 시리즈)는 당시 아주 널리 퍼졌고 북미 식민지 사람들에게 영국에서 독립하기로 결심하도록 자극하는 데 큰 역할을 했습니다. 그러나 페인의 글을 읽을 때는 다음과 같은 사실을 염두에 두어야 합니다. 페인의 소책자는 단독으로 존재한 게 아니라 당시 유행한 수많은 베스트셀러 소책자 가운데 하나였습니다. 독립 운동을 자극한 페인의 소책자와 마찬가지로, 식민지를 만든 영국의 이익을 보호하고 왕권을 지지하는 소책자도 있어서 서로 시끄럽게 논쟁하면서 독자와 청중의 관심을 끌어모았습니다. 이러한 소책자는 18세기의 귀중한 정치 계몽의 흐름을 만들어 내기도 했습니다. 소책자의 강력한 감염력으로 수많은 사람이 정치 제도의 선택 문제를 인식하고 왕권 제도와 민주 제도의 이해와 득실을 사고했습니다.

소책자는 오늘날 우리가 미국의 민주주의를 이해할 때 가장 중요한 사료입니다. 그 밖에도 중요한 자료가 있는데, 바로 『연방주의자 논고』The Federalist Papers입니다. 이는 알렉산더 해밀턴Alexander Hamilton, 제임스 매디슨James Madison, 존 제이John Jay 세 사람이 함께 쓴 85편의 글로, 각 주 대표를 설득해 연방 헌법에 서명하도록 하려는 목적으로 작성했습니다. 이 책은 왜 연방을 설립해야 하는지, 인류 역사상 전무후무한 이러한 민주 연방 제도가 어떤 의미를 갖는지, 연방제를 어떻게 운용하는지, 연방 치하의 정치 생활에 어떤 특징이 있는지 깊이 있고 상세하게 설명합니다. 이 책의 활약으로 연방 헌법은 통과됐고, 13개 주는 정식으로 하나의 국가를 이루었습니다. 그리고 『연방주의자 논고』는 이 새로이 세워진 국가에 완전한 정치 이념과 독특한 역사적 사명을 부여했습니다.

미국 민주주의를 객관적으로 분석한 프랑스인

독립 혁명 전후의 소책자와 『연방주의자 논고』는 '참여자'의 관점과 경험으로 기록됐습니다. 행간에서 고도의 절박함과 설득하고자 하는 열정이 느껴지는데, 이는 장점입니다. 반대로 객관적 분석이 부족하고, 이 독립 혁명 과정이 가져온 큰 정치적 변화가 미국 밖의 지역에서도 보편적 의미를 갖는지에 대한 논의를 적게 다룬 것은 단점입니다.

객관적 분석과 보편적 의미에 대한 논의야말로 토크빌이 남긴 『미국의 민주주의』의 최대 공헌입니다. 토크빌은 프랑스인으로, 프랑스어로 글을 썼고, 처음 글을 쓸 때는 프랑스인을 독자로 상정했습니다. 이는 원래 프랑스인에게 미국의 독립 혁명과 정치 제도를 소개하는 책이었습니다. 곧 미국에 대해 아무것도 인식하지 못하는 독자를 겨냥해 쓴 겁니다. 당연히 토크빌은 이러한 주제로 쓴 글을 미국인이 읽을 거라 생각지 않았고, 자신이 쓴 책을 훗날 수많은 미국인을 포함하여 프랑스 밖에 있는 수많은 독자가 읽을 거라고는 생각지 못했습니다.

수많은 미국인이 토크빌의 책을 읽고 이 책을 자기를

이해하는 수단으로 삼고자 했다는 걸 알았다면 토크빌은 당시에 이런 책을 써낼 수 있었을까요?

책의 역사에 흥미로운 비교 사례가 있습니다. 미국 인류학자 루스 베네딕트가 쓴 『국화와 칼』로, 일본 문화를 분석한 책입니다. 베네딕트는 이 책을 쓸 때, 일본어를 한 마디도 못했고 일본에 가 본 적도 없었습니다. 더 놀라운 것은 일본에 가서 조사하고 관찰할 기회조차 없었다는 점입니다. 당시는 진주만 공격이 일어나 미국이 일본에 선전포고를 해, 전쟁이 일어나기 직전이었습니다.

진주만 공격에 미국이 일본에 선전포고를 한 것이 이 책의 집필에 자극을 준 것은 사실입니다. 전쟁을 위해 미국 정부는 새로운 적을 이해하고 그 내용을 전략 수립에 참고해야 했습니다. 적을 이해하는 방식 가운데 하나가 인류학적 방식을 이용한 문화 연구입니다. 일본의 문화가 어떻고, 일본인이 무엇을 믿으며, 어떠한 기본 가치와 태도를 지녔는지를 살피는 것이지요.

베네딕트는 위탁을 받아 '문화 모델'에 대한 오랜 연구에 근거해 일본인과 일본 문화를 인식하는 데 필요한 문제를 설정했습니다. 그런데 베네딕트는 어디에서 일본인을 찾아 자신의 정보 제공자로 삼았을까요?

베네딕트는 일본인 수용소로 갔습니다. 미국은 일본에 선전포고를 한 후, 미국에 있는 사람 중에서 미국 시민증을 가진 미국계 일본인 2세 젊은이와 아이를 포함해 모든 일본인이 사회에서 자유롭게 활동하지 못하도록 금지하고 수용소에 격리했습니다. 일본어를 배워 본 적도 없고, 일본에 머물러 보지도 못한 베네딕트는 수용소에 가서 이들 미국계 일본인을 만났고, 이들을 상대로 현장 조사를 해 『국화와 칼』을 썼습니다.

전쟁이라는 비상 상황이 아니었으면 베네딕트가 이토록 제한된 조사 자료만으로 일본 문화를 분석하는 책을 쓰지는 못했을 겁니다. 미국인이 적인 일본인의 면모를 파악해야 한다는 절박함이 없었다면 그토록 빨리 책을 쓰고 바로 출판할 수 없었겠지요. 그러나 이토록 열악한 조건과 현실적인 다급함 속에서 만들어졌음에도 이 책은 출판되고 나서 미국인의 일본인에 대한 인식에 영향을 줬을 뿐 아니라 전쟁이 끝난 뒤에는 일본어로 번역되어 일본에서 베스트셀러가 됨으로써 일본인의 자기 이해와 자기 인식에도 큰 영향을 끼쳤습니다.

얼마 전에 일본에 갔다가 도쿄 지하철에서 『R25』● 라

● 리크루트 그룹(Recruit Holdings, Co., Ltd.)이 발행하는 무료 주간지. 2004년 창간했고, 주요 독자는 25-34세의 남성 직장인이다. 수도권과 나고야, 오사카에서 발행된다. 발행 부수는 약 55만 부. 젊은 직장인 여성을 겨냥한 월간지 『L25』도 있는데, 이 잡지의 발행 부수는 약 40만 부에 달한다.

는 무가지를 보았습니다. 25세 전후의 젊은 독자를 겨냥한 잡지인데, 내가 읽은 호는 표지 헤드라인이 "수치심 문화?"였고, 본문에서 수십 페이지 분량으로 일본 젊은 세대가 '수치심 문화'의 산물인지를 집중적으로 다루었습니다. 수치심 문화라는 표현은 전통적인 일본어가 아니라 영어의 'Shame Culture'를 번역한 것이고, 이 말은 바로 베네딕트가 『국화와 칼』에서 일본 사회와 문화를 규정하고 묘사할 때 제시한 주요 개념입니다. 베네딕트는 미국 독자가 일본인을 잘 이해할 수 있도록 'Shame Culture'를 서양의 'Guilt Culture'(죄의식 문화)와 비교했습니다. 일본인은 원죄 관념은 없지만 강력한 집단 비판 의식이 있어서, 무엇을 하고 안 하고, 무엇에 개의하거나 개의하지 않음을 주로 선악에 대한 내면의 신념이 아니라 외부인의 시선과 의견에 영향받습니다. 일반적 예절에 맞지 않는 행동을 한 것이 발견됐을 때 강렬한 수치심이 생긴다는 식입니다.

베네딕트의 분석은 반세기 뒤에도 여전히 일본인의 자기 이미지를 논의할 때 영향을 주었습니다. 정말 입이 쩍 벌어지지요.

『미국의 민주주의』가 『국화와 칼』과 비슷한 점은 저자 토크빌과 그가 분석하고 묘사한 대상(미국)이 그다지 가깝거나 밀접한 관계가 아니라는 것입니다. 토크빌이 베네딕트보다 나은 점이라면 책을 쓰기 전 직접 미국에 가서 미국을 관찰한 이력이 있다는 것입니다. 조금 나은 정도이지 대단히 나은 점도 아닙니다.

토크빌이 미국에 갔을 때는 채 스물여섯 살도 되기 전이었고, 그는 9개월간 미국에 체류했습니다. 그런 다음 프랑스로 돌아가 몇 년 후『미국의 민주주의』를 썼습니다. 비교해 봅시다. 나도 스물여섯 살에 미국에 가서 유학을 했고, 그곳에서 6년간 머물다가 타이완으로 돌아왔습니다.『미국의 민주주의』를 쓸 자격으로 따지면 내가 토크빌보다 낫지 않을까요?

물론 우스갯소리입니다. 토크빌의 책은 특정한 시기에 나왔습니다. 역사적 상황 때문에 이 책은 유럽과 미국의 수많은 독자가 읽었습니다. 이러한 역사적 배경은 베네딕트의 책이 전쟁 중에 쓰였고, 미국이 일본을 점령한 동안 일본에서 유행한 역사적 배경과 마찬가지로 중요합니다.

프랑스 대혁명도 뒤집지 못한 관료 시스템

토크빌은 1805년 7월 29일 부르봉 왕조의 귀족 가정에서 태어났고, 그의 아버지는 후작 작위를 가지고 있었습니다. 그러나 토크빌이 태어났을 때, 상황은 크게 바뀌어 있었지요. 1789년 프랑스 대혁명을 겪었기 때문입니다. 토크빌은 혁명이 일어나고 10여 년 뒤에 태어났으므로, 혁명의 경천동지할 만한 변화는 여전했으며 혁명의 기억도 아직 정리되지 않은 상태였습니다.

프랑스 대혁명은 근본적으로 귀족에 반대하고 귀족을 뒤엎으려는 혁명이었습니다. 18세기 프랑스의 왕공과 귀족은 과도한 특권을 누리고 있었습니다. 중산 계급 이하의 평민들이 그토록 강렬한 불만을 가진 것도 이상하지 않았습니다. 프랑스 대혁명이 일어나기 전 프랑스에도 대량의 선전용 소책자가 나타났습니다. 그러나 영국이나 미국과는 양상이 달랐습니다. 첫째, 프랑스의 소책자는 거의 혁명파가 쓴 것이었습니다. 프랑스 귀족은 너무나도 자신만만한 나머지 자신들을 변호하는 글을 쓰려고 애쓰지 않았습니다. 둘째, 프랑스의 소책자는 논의는 적고 묘사만 가득했습니다. 정치적 가치와 관념적 논의는 부족한 반면 귀족의 부유와 음란한 생활에 대한 묘사는 차고 넘쳤습니다.

프랑스 귀족을 공격하는 소책자를 읽을 기회가 있다면 우리 중 상당수는 아마 혁명파가 될 겁니다. 소책자의 내용과 훗날 대혁명의 숙청을 본 사람들은 깊은 인상을 받았습니다. 프랑스 구체제의 귀족이 특권을 누리고 백성을 제멋대로 짓밟으며 황음무도한 데다 옳은 일이라고는 단 하나도 하지 않았다고 느낀 겁니다. 이러한 인상이 옳기는 하지만 이렇게만 생각하면 혁명 전 프랑스 귀족의 긍정적 행위와 공헌을 빠뜨리는 잘못을 범할 수 있습니다.

귀족의 가장 큰 공헌은 그들이 장기간에 걸쳐 프랑스 관료의 골간을 이루었다는 점입니다. 프랑스는 고도의 중앙집권 국가로, 일찍부터 방대한 관료 시스템을 만들어 지방 봉건 세력을 대체하면서 국가를 운영했습니다. 중국은 또 다른 전통을 가진 관료 대국입니다. 중국 관료 시스템에서는 당나라 때 이후 주로 과거 시험으로 인재를 뽑았습니다. 과거 덕분에 다른 지방, 다른 계층의 사람이라도 시험을 치르고 관료 시스템에 진입할 수 있었습니다. 과거 시험은 관료 시스템을 유지하는 인재가 다원성을 지니는 한편, 중심과 주변부, 상하 계층 간을 오갈 기회를 제공했습니다.

프랑스에는 과거 시험이 없었고, 프랑스의 관료 시스템은 주로 귀족 출신 인재가 메웠습니다. 관료 시스템과 귀족 시스템은 상당히 겹쳤고, 극도로 밀접한 관계를 유지했습니다. 프랑스 대혁명 당시 수많은 귀족이 단두대로 보내졌고, 상당수 귀족이 서둘러 망명을 했으며, 더 많은 귀족이 가장자리로 물러났습니다. 이러한 변화는 프랑스 관료 시스템의 심각한 단절을 의미했습니다. 혁명 위원회는 각종 새로운 제도를 만들었지만 그들을 도와 이러한 제도를 집행할 사람이 없었습니다. 프랑스 대혁명이 일어난 후 프랑스가 20-30년간 크게 혼란해진 가장 중요한 이유 중 하나가 이것입니다.

20-30년 동안 권력을 장악한 혁명가들이 이것도 부수고 저것도 뒤집는 동안 정권 또한 그에 따라 계속 바뀌었습니다. 그러나 이렇게 드러난 소요 아래서도 변하지 않고 변할 수 없는 사실은, 이 프랑스라는 나라가 정상적으로 회복된다고 해도 직무를 담당할 만한 관료가 없으면 구귀족을 다시 불러다가 관료 자리에 앉힐 수밖에 없다는 것이었습니다.

토크빌 가문은 이러한 구귀족 관료 시스템의 구성원이었습니다. 토크빌이 태어났을 때, 가족 중 6-7명이 단두대로 보내져 목숨을 잃은 상황이었습니다.● 그러나 이 과정에서 귀족 신분은 점점 퇴색했고, 상대적으로 전문 관료의 능력이 갈수록 두드러졌습니다.

요동치는 정국, 혼란에 빠진 관료

토크빌은 이러한 가정 출신이었고, 부르봉 왕조가 복벽復辟(물러났던 임금이 다시 왕위에 오름)한 시대에 자랐기 때문에 정부에 들어가서 관료가 되는 일을 인생의 주요 경로로 삼는 게 너무나도 자연스러웠습니다. 그러나 그가 25세 되던 해, 프랑스에는 다시 경천동지할 변화가 닥칩니다. 복벽한 부르봉 왕조가 다시 무너지고 루이 필리프가 권력을 장악했습니다. 프랑스 대혁명이 일어난 1789년 이후로 프랑스는 이미 여러 차례에 걸쳐 정치적 혼란과 동요를 겪지 않았습니까? 제1공화국, 제1제국, 부르봉 왕조의 복벽, 7월 왕정……. 도대체 프랑스는 어떤 길을 가야 했고, 갈 수 있었

● 토크빌의 외증조부 크레티앵 드 말제르브(Guillaume-Chrétien de Lamoignon de Malesherbes)는 파리에서 대대로 법률가 가문 출신으로, 루이 16세가 재판받을 당시 이미 퇴직한 지 한참이 지난 뒤였으나 그는 국왕을 적극적으로 변호했다. 루이 16세가 단두대에 올라간 그해 말, 말제르브와 가족들이 체포됐고, 이듬해 봄에는 그와 누이, 딸, 사위, 한 손녀와 손녀사위도 단두대로 보내졌다.

을까요? 게다가 이것은 프랑스만의 문제가 아니었습니다. 전 유럽이 프랑스의 행보를 지켜보고 있었습니다. 나아가 전 유럽이 프랑스의 혼란과 동요에 영향받으면서, 프랑스는 유럽의 미래를 상징하고 대표하게 됐습니다.

반세기 가까운 시간 동안 프랑스는 실패한 정치 실험장이 된 것처럼 보였습니다. 공화제를 실시한 후 10여 년이 지난 뒤에는 평민 나폴레옹이 전쟁에서 세운 공을 앞세워 황제가 됐습니다. 나폴레옹이 실패한 후에는 부르봉 왕조가 복벽했습니다. 루이 18세가 무대에 오르자 부르봉 왕조는 다시 무너지고 또 다른 왕조에 속한 루이 필리프가 국왕이 됐습니다.

유럽인이 보기에도 정신 사나웠지만 이 모든 사태를 겪은 프랑스인은 그야말로 넋을 놓은 채 고통을 받으며 살았습니다. 이제 스무 살 안팎의 젊은 청년들에게 이런 상황은 더 아득하게만 느껴졌습니다. 그들은 국가의 미래를 예측할 수 없었고, 이에 따라 자기 인생의 앞날도 가늠할 수 없었습니다.

루이 필리프가 권력을 쥔 후, 국왕은 바뀌었지만 국가 전체의 관료 시스템은 바뀌지 않았습니다. 토크빌은 여전히 이 시스템의 일원이었지요. 그러나 그가 이 시스템 속에서 가능하리라 상상했던 자신의 미래는 이미 깨지고 말았습니다. 개인의 관점에서 보면 이중의 당혹스러운 상황에 직면했던 겁니다. 관료로서 누구에게 충성하고 누구를 위해 일해야 하는가? 관료로서 자신의 미래는 어디에 있는가? 자신의 관료 업무를 어떻게 대하고 처리해야 마땅한가? 가장 좋은 선택은 무엇인가?

이러한 개인적 당혹에 더해, 시대적이고 고차원적인 당혹이 덧붙었습니다. 도대체 프랑스는 어떠한 정치 제도를 운용해야 하는가? 프랑스를 포함한 전 유럽은 어떠한 안정적인 방법을 찾아서 대혁명 이래 끊임없이 지속되는 혼란을 해결해야 하는가?

이토록 당혹스러운 삶과 맞닥뜨린 토크빌과 그의 좋은 벗 구스타브 보몽Gustave de Beaumont은 그들을 분개하게 하고 불편하게 만드는 프랑스에서 잠시 벗어나 다른 지역에 가서 가능한 답안과 해결책을 찾아보기로 했습니다. 두 사람은 미국에 가서 감옥 행정을 조사해 보기로 했습니다.

하필이면 왜 미국의 감옥 행정이었을까요? 토크빌과 보몽 두 사람이 당시 프랑스 사법 시스템에 속해 있어 사법과 관련된 이슈를 찾아야 했기 때문입니다. 프랑스의 감옥 행정은 대혁명 이후로 정상이었던 적이 없었습니다. 찰스 디킨스의 소설 『두 도시 이야기』를 보면 감옥을 생생하게 묘사한 대목이 나옵니다. 당시 프랑스의 보편적 상식에 따르면, 대개 어느 나라의 감옥도 프랑스보다는 지내기가 나았습니다. 저 멀리 대서양 건너편에 있는 미국에 가서 감옥 운영 체계를 돌아본다는 명분은 합리적인 선택이었습니다.

두 사람은 자비를 들여 미국으로 떠났습니다. 이를 보면 이들이 일정한 자산을 가진 가문의 일원임을 알 수 있지요. 일단 미국에 가면 금방 돌아올 수는 없었기에 그들은 그럴듯한 기대를 품고 있었을 것이 분명합니다. '우리가 돌아올 때쯤이면 루이 필리프 정권도 사라지고 없겠지!'

프랑스인 두 사람, 미국에 대한 두 가지 관점

토크빌과 보몽은 1831년 5월 8일 배를 타고 미국 땅을 바라보고 있었습니다. 잠을 이루지 못할 정도로 흥분했기 때문에 정작 로드아일랜드에 도착했을 때는 아무것도 둘러보지 못하고 하루 종일 잠만 잤습니다. 이들은 5월 11일부터 뉴욕에서 정식으로 조사를 시작했습니다.

그날부터 1832년 2월 20일 미국을 떠날 때까지 9개월이 넘는 시간 동안 그들은 당시 미국 대부분의 지역을 돌아다녔습니다. 미시시피강 동쪽에 있는 각 주에서 메인, 뉴햄프셔 등 6개 주를 제외한 나머지 주를 모두 돌아보았습니다.

두 사람이 프랑스에 돌아온 후에도 루이 필리프는 여전히 왕위를 유지하고 있었습니다. 이는 정부에 변화가 없으며 따라서 그들의 조사가 유효하다는 뜻이었습니다. 그들은 성실하게 계획에 따라 미국의 감옥 행정에 대한 보고서를 작성해 미국에서 일을 처리하는 여러 가지 방법을 자세히 설명했는데, 이는 당시 프랑스 감옥 행정에 상당한 충격을 준 것이 분명합니다.

그러나 보고서를 작성한 후, 토크빌과 보몽은 갈수록 공무원 생활을 견디지 못하게 됐습니다. 이는 어쩌면 9개월간 미국을 유랑한 경험과 연관이 있는지도 모릅니다. 두 사람은 차례로 하던 일을 그만두었습니다. 그들은 미국을 둘러보는 동안, 감옥 행정에 관한 보고서 작성 외에도 함께 다른 보고서나 책을 쓰기로 했습니다. 그들이 미국에서 듣고 보고 생각한 내용을 담아서 미국이 어떠한 나라인지 프랑스 사람이 이해할 수 있도록 문헌을 작성하기로 한 것입니다.

훗날 이 계획에는 변동이 생겼습니다. 어쩌면 두 사람의 미국에 대한 관점 차이가 너무 큰 나머지 함께 집필하기로 한 것을 따로 쓰기로 했는지도 모릅니다. 토크빌과 보몽은 줄곧 친밀한 관계를 유지했습니다. 토크빌은 죽기 전에 보몽을 자신이 쓴 책의 유산 집행인으로 임명했을 정도입니다. 토크빌 전집이 출간된 것도 보몽이 편집을 맡은 덕분입니다. 두 사람은 사이가 무척 좋았고 싸운 적도 없습니다. 다만 미국에 관한 책을 함께 쓸 수는 없었습니다.

이 때문에 보몽은 토크빌과 동등한 역사적 명성을 누릴 수 있는 기회를 놓쳤습니다. 보몽은 훗날 미국에서 듣고 본 경험으로 『마리 또는 미국의 노예 제도』Marie ou l'esclavage aux États-Unis라는 소설을 썼습니다. 이 책은 1998년 영어 번역본이 나오기 전까지 어떤 미국인도 읽어 보지 못했습니다.●

『마리 또는 미국의 노예 제도』의 내용은 이렇습니다. 한 프랑스 청년이 미국에 왔다가 미국 아가씨와 사랑에 빠집니다. 책 제목에 나오는 마리가 그녀입니다. 사랑의 충동으로 주인공은 마리의 아버지를 찾아가 마리와 결혼하고 싶다고 혼담을 꺼냅니다. 마리의 아버지는 대답을 하지 않습니다. 주인공을 싫어하는 것도 아니고 그가 프랑스인인 걸

● *Marie or, Slavery in the United States*, translated by Barbara Chapman, Baltimore, Maryland: Johns Hopkins University Press, 1998.

꺼려서도 아니었습니다. 그것은 호의에서 비롯된, 주인공을 보호하기 위한 행동이었습니다. 마리의 아버지는 주인공에게 몰래 비밀을 털어놓습니다. 마리가 순수한 백인이 아니라고. 마리 어머니에게 흑인의 피가 흐른다는 것이었습니다. 그래서 마리가 순수한 백인에게 시집을 갈 수 없으며, 그 사실이 알려지면 분명히 엄청난 재앙을 불러올 것이라고 말합니다.

주인공은 마리가 순수한 백인 혈통이 아니라는 사실을 믿지 않고, 마리와 결혼하면 정말 재앙이 생길 거라는 말은 더더욱 믿지 않습니다. 곤란해 머뭇거리는 사이에 그는 뉴욕의 길거리에서 인종 충돌 사건을 목도하게 됩니다. 백인이 인디언을 못살게 굴자 인디언이 반항하면서 난동을 부리는 장면을 직접 보게 된 겁니다. 그는 충격을 받고, 부랴부랴 미국을 떠나 프랑스로 도망갑니다.

그러나 프랑스에서도 그는 밤낮으로 마리를 잊지 못하고 그리워합니다. 대서양을 사이에 두고서도 마리가 시간이 갈수록 더 사랑스럽게만 느껴집니다. 상대적으로 길거리에서의 기억은 흐려져만 갑니다. 결국 그는 미국에 돌아가기로 결정하고 마리에게 다시 구혼합니다.

그가 돌아올 줄 몰랐고, 여전히 마음에 그녀를 품고 있는 줄도 몰랐던 마리의 아버지는 그의 사랑과 용기에 감동하여 결국 딸을 그에게 시집보내기로 합니다. 그들의 결혼식에서 누군가 소리를 지릅니다. "저 백인은 혈통이 불순한 여자와 결혼하는 거요. 이건 풍기를 흐트러뜨리는 결합이외다!" 이 말을 들은 사람들이 분노를 터뜨리며 소란을 피우자 이 신혼부부는 산 위로 도망가서 세상과 인연을 끊은 채 숨어 지냅니다.

여기까지 쓴 이 초짜 소설가 보몽은 도무지 어떻게 이야기를 끌어가야 할지 몰라 결국 편리하지만 졸렬한 방식으로 이야기를 마무리합니다. 마리를 죽이고 마는 겁니다. 마리가 죽자 제목에 '마리'가 들어간 소설도 자연스럽게 끝이 납니다.

『마리 또는 미국의 노예 제도』는 뛰어난 소설이 아닙니다. 보몽은 소설을 썼지만, 이 작품은 그가 소설 형식을 빌려 쓴 사회학 논문이었습니다. 소설의 줄거리는 보몽이 미국에서 관찰한 특징을 도드라지게 표현하고 있습니다. 보몽은 미국과 프랑스 사회의 가장 큰 차이점이 미국인의 히스테리에 가까운 인종 의식과 미국 사회의 고도로 긴장된 인종 관계에 있다고 보았습니다.

함께 미국을 둘러본 9개월 동안 두 사람이 관찰하고 관심을 가진 일은 무척이나 달랐습니다. 보몽이 본 것이 하나의 점이라면, 토크빌은 하나의 넓은 평면을 보았습니다. 게다가 미국이라는 현상을 만든 원인을 철저히 규명했습니다. 이런 비교를 통해 우리는 토크빌의 능력을 확실히 알게 되고,『미국의 민주주의』라는 책의 장점도 파악하게 됩니다.

프랑스의 민주주의가 나아갈 길을 준비하다

토크빌은 프랑스로 귀국하고 2년 후인 1834년에『미국의 민주주의』1권을 출간했습니다. 이 책에서 그는 놀랍도록 명석하고 정리된 문장으로 미국 사회와 정치 상황을 객관적으로 묘사했습니다. 이 책에서 그는 신문 기자와 실증적 연구자 사이의 문체를 구사했는데, 이렇게 하면 미국 사회와 정치 상황을 효과적으로 묘사하고 여러 가지 다른 현상을 종합해 정리함으로써 둘 사이의 연관된 구조를 찾아낼 수 있다는 장점이 있습니다.

그러나 토크빌은 일찌감치 이것은 '1권'일 뿐 전부가 아니라고 마음을 먹었습니다. 그는 결국 프랑스인이었습니다. 프랑스인의 기본 사유 모델은 실증적 묘사보다는 분석과 연역을 중심으로 삼습니다. 현상을 묘사하는 것만으로는 합법적인 지식을 구성하기에는 부족하므로 반드시 현상 이면에 있는 원리와 조직 구조를 정리하고 현상에 한 단계 더 높은 차원의 의미를 부여해야 했습니다. 그래야만 지식을 추구하는 책임을 다했다고 할 수 있었습니다.

토크빌은 친구에게 쓴 한 편지에서 이 책을 쓴 의도를 다음과 같이 명확하게 밝혔습니다.

나는 무엇이 진정한 민주 사회인지 밝혀서 저 광신적인 민주파에게 주지시키고 싶네. 민주주의는 그들이 상상하듯 휘황찬란한 빛도 아니고 더욱이 쉽게 이룰 수 있는 꿈도 아니라는 사실을 말일세. 민주주의에는 갖춰야 할 수많은 기본 조건이 있네. 민주주의는 불편하고 불쾌한 면도 숱하게 가지고 있지. 일정한 형식의 정부, 시민의 일정한 습관이 결핍되어 있으면 민주주의는 정상적으로 작동할 수가 없다네.

그러나 이 책은 민주파에게 경고하기 위해서만 쓴 것은 아닙니다. 토크빌은 편지에서 다른 측면에 관해 이렇게 말을 이어 갑니다.

민주주의를 반대하는 저 사람들, 민주주의가 바로 파괴, 혼란, 모살, 횡령이라고 여기는 저 사람들에게 알려 주고 싶네. 민주주의에는 자체의 고귀한 점이 있는데, 그 고귀는 그들이 이해하고 있는 고귀와 아주 다르다는 사실을 말이야. 민주주의의 고귀는 모든 사람이 약간의 고귀와 약간의 존엄을 지니도록 하는 것이지, 극소수의 사람이 모든 고귀와 존엄을 차지하는 것이 아니라네…… 그들이 좋아하든 말든 이 세계는 갈수록 평등해지고 민주적인 방향으로 발전하고 있음을 그들이 이해하기를 바라네.

민주주의를 반대하는 사람들에게 토크빌은 책으로 증명하기를 원했습니다. 그가 보기에 눈앞에 놓인 현실은 더 이상 민주주의와 반민주주의, 둘 중 하나를 선택하는 것이 아니었습니다. 이 선택은 이미 흘러간 역사가 됐습니다. 이제 해야 할 일은 두 가지 민주주의 중에서 한 가지를 선택하는 것이었습니다. 혼란으로 점철되고 폭력과 비이성이 충돌하는 민주주의냐, 아니면 조금이나마 질서와 도덕이 있고 이성적으로 인식하고 안배할 수 있는 민주주의냐.

모든 사람이 민주주의는 우리가 거부할 수 없는 미래임을 똑똑히 깨닫기를 바라네. 다만 이 미래가 좋은 민주주의가 될지 엉망인 민주주의가 될지 하는 문제에서 미국을 좋은 민주주의의 사례로 여긴다면 우리는 불필요한 착오를 피할 수 있을 걸세.

이 편지의 내용과 『미국의 민주주의』 「서문」을 살펴보면 토크빌의 이 책이 당시의 프랑스, 당시의 유럽을 위한 것이며, 당시의 프랑스와 유럽의 현실을 겨냥해 쓰였음을 알 수 있습니다. 『미국의 민주주의』의 이면을 꿰뚫고 있는 문제의식은 어떻게 프랑스에서, 유럽에서 좋은 민주주의 제도가 만들어지도록 촉구하느냐 하는 것이었습니다.

토크빌이 쓰고자 한 것은 '민주주의란 무엇인가', '미국의 민주주의란 무엇인가'에 머물지 않고 한 걸음 더 나아가 프랑스인에게 설명하는 것이었습니다. 좋은 민주주의를 만들기 위해 우리는 무엇을 준비해야 하는가. 미국의 민주주의 경험을 기본으로 삼아 프랑스인이 거기에서 배우도록 돕고 미래에 반드시 가야만 하는 민주주의의 길을 준비하고자 한 것입니다.

이것이 토크빌이 책을 쓴 진정한 의도이고, 우리가 200

여 년 뒤인 지금 이 책을 읽을 때도 여전히 기억해야 하는
전제입니다.

3

미국의 두 가지 키워드 이해하기

첫 번째 키워드는 '신대륙'입니다. 이곳에는 유럽의 구귀족이 없었습니다. 이곳에는 토지가 무척 넓고 많아, 농사를 짓고자 하는 이라면 누구나 땅을 얻을 수 있었습니다. 두 번째 키워드는 '청교도'입니다. 이들은 성자를 지향하는 무리였습니다. 사악하고 불의한 환경을 떠나 천신만고를 겪으며 오염되지 않은 깨끗한 땅을 찾았습니다.

역사는 평등해지는 방향으로 움직인다

　『미국의 민주주의』「서문」에서 토크빌은 인류 역사가 한 방향을 따라 분명한 길로 발전한다고 말했습니다. 그것은 이 세계가 반드시 갈수록 평등해진다는 것입니다.

　토크빌은 역사적으로 사람들이 어떠한 주관적인 의도를 품고 어떠한 생각을 가지고 있다고 해도, 그들이 기존에 가지고 있던 관념과 가치가 평등과는 무관하다고 해도, 심지어 많은 이가 보기에 평등과는 위배되는 일을 한다고 해도, 이러한 모든 일을 종합해 보면 결국 평등은 늘어나고 사람들은 갈수록 평등해진다고 생각했습니다.

　예컨대 국왕과 귀족은 평민과 비교할 수 없을 정도로

막대한 재산을 소유하고 있습니다. 그렇다면 국왕과 귀족은 어떻게 그토록 많은 토지와 재산을 갖게 되었을까요? 그들이 야심이 있고 탐욕스럽기 때문입니다. 야심과 탐욕은 그들을 끊임없이 밖으로 나가 싸우게 하고 수많은 자원과 재산을 낭비하게 만듭니다. 그 결과 더 부유해지고자 하는 국왕과 귀족은 되레 평민과 별 차이가 없을 정도로 가난해집니다.

토크빌은 프랑스에서 벌어진 변화를 거론합니다. 13세기 이전에 귀족은 순수한 혈통의 신분이었고, 귀족 신분을 얻는 유일한 방법은 귀족 아버지에게서 태어나는 것뿐이었습니다. 귀족 가문에서 태어나지 못하면 작위를 가진 아버지가 있을 수 없고 그러면 귀족이 될 수 없습니다. 그러나 13세기부터 국왕과 귀족이 싸움을 벌입니다. 싸움을 하려면 큰돈이 필요하므로 싸울 비용을 마련하기 위해서 그들은 돈이 있는 사람이 돈을 기부하면 귀족 지위를 얻게 해 줍니다. 일단 돈이 신분을 변화시키는 데 영향을 미치자 사회에는 계층 이동이 생깁니다. 원래 평민이었던 이가 귀족이 되고 가난한 귀족은 평민이나 다름없는 처지가 됩니다.

이번에는 종교를 봅시다. 싸움과 변화의 시대가 되자 종교에서 위안을 구하는 사람이 늘어납니다. 더 많은 이가 종교를 원하자 종교는 세속의 국왕과 귀족 바깥에 있는 또 하나의 중요한 영역이 됩니다. 그러자 종교 영역으로 들어가서 지위를 바꿀 기회를 얻는 사람이 나타납니다. 미천하고 가난한 집안에서 태어나고 돈으로 지위를 살 수도 없던 사람이 종교를 통해 성직자가 됨으로써 성직 체계를 따라 신분이 상승합니다. 이로써 사람들이 불평등을 벗어나 평등해지는 메커니즘이 하나 더 생겨납니다.

또 하나의 상황이 벌어집니다. 가장 야심 많고 탐욕스러운 국왕이 귀족을 속여서 그들의 재산과 권리를 빼앗아 자신의 배를 불립니다. 이렇게 당한 귀족이 가만있을 리 없지요. 그들은 평민을 끌어모아 국왕에게 저항합니다. 이로 인해 귀족이 큰 세력을 얻자 이번에는 국왕이 위협을 느낍니다. 이에 국왕도 평민을 모아야만 귀족의 세력에 맞서 자신의 세력을 유지할 수 있게 됩니다. 겉에서 보면 국왕과 귀족 모두 자기 권력과 재산을 늘리려고 순전히 사리사욕에 가득 차서 벌인 일인데 그 결과로 밑에서 압박당해 옴짝달싹 못하던 평민이 신분 상승의 기회를 얻고 왕과 귀족 사이에서 수혜자가 되어 사회를 평등하게 하는 데 중요한 역할을 하게 됩니다.

이것이 토크빌의 역사 방향론, 그가 주장한 역사관입

니다. 그는 자신의 관점을 웅변으로 펼쳐 보였습니다. 역사
에서 진정으로 중심이 되는 축은 높디높은 자리에 있던 사
람이 내려오고, 낮디낮은 자리에 있던 사람이 계속 위로 올
라가서 두 사람이 점점 가까워진다는 주장입니다.

진보 사관을 믿는 독자에게 쓰다

토크빌이 『미국의 민주주의』를 쓰고 출판한 시기는 19
세기 초이므로 당시 주류였던 '진보 사관'을 반영하는 것이
당연합니다. 진보 사관이란 무엇일까요? 19세기 유럽에서
일어난 그토록 수많은 기묘하고 돌발적인 인류 경험의 아
주 큰 부분이 인간이 계속 진보하고 있다는 이 강렬한 신념
에서 비롯되었습니다. 인류의 발전, 인류의 역사에는 방향
이 있고, 우둔과 야만, 맹목으로부터 점점 눈이 열려 개화와
문명을 향해 나아간다는 생각입니다. 진보 사관은 19세기
에 그 무엇보다 중요했고, 그 중요성은 아무리 강조해도 지
나치지 않았습니다. 진보 사관은 19세기뿐 아니라 20세기
에도 가장 중요한 요소였습니다. 제1차 세계대전 이후 유럽

인은 더 이상 진보 사관을 믿을 수 없게 되었습니다. 역사에 방향이 있는지 회의하기 시작했고, 앞으로 다가올 미래에 의심을 품으며 미래를 파악하기란 불가능하다는 생각이 20세기의 가장 중요한 시대적 분위기였습니다.

토크빌 또한 인간이 끊임없이 진보한다는 사실을 믿었습니다. 그가 보기에 가장 뚜렷한 진보의 표지는 평등이었습니다. 인간이 진보한다는 믿음을 가진 것은 그도 당시 절대다수 유럽인과 마찬가지였는데, 진보의 초점을 평등에 맞춘 것이 그만의 독특성이었습니다.

사실 그는 이 지점에서 다음과 같은 가치관을 제시한 것입니다. 불평등은 좋지 않다, 불평등은 원시적이고 낙후한 것이다, 평등만이 진보다, 이로 인해 인류는 끊임없이 원시적이고 낙후한 불평등한 상태에서 진보한 평등한 상태로 점차 나아가는 것이다.

이것이 바로 진보 사관의 힘입니다. 진보 사관은 한 가지 사관으로 역사 경험을 정리하고, 그로부터 역사가 어떠한 방향으로 변화해 간다는 결론을 미루어 판단하는 한편, 행동을 선택하는 강령으로서 역사가 좋은 쪽으로 진보하는 방향으로 나아간다는 사실을 믿었습니다. 그리하여 역사가 어떤 방향으로 변화해 간다면 이는 그 방향이 좋고 옳음을 증명한다고 생각했습니다. 곧 우리가 나서서 역사의 발전을 적극적으로 인정하고 촉진할 수 있다고 본 것입니다. 바꾸어 말하면, 토크빌은 진보 사관을 적용해 책의 앞부분에서 독자들에게 이렇게 밝혔습니다. "평등은 옳고 좋은 것이다." 그는 철학이나 정치학의 관점에서 어째서 평등이 옳고 좋은지 분석하지 않고 역사적 사례를 통해 추론했습니다. 인류의 주관적 의지가 어떠하든 간에 실질적인 효과를 보면 인류 사회는 갈수록 평등해지고 평등은 곧 진보임을 똑똑히 알 수 있으며 이는 인류의 필연적 미래였습니다.

　토크빌의 화법을 다른 관점으로 바꾸어 보면 우리는 매우 다른, 어쩌면 완전히 반대되는 결론을 상상해 볼 수 있습니다. 국왕과 귀족 같은 기득권자의 관점에서 보면 토크빌이 말한 변화는 소멸이자 타락입니다. 왕은 왕, 귀족은 귀족, 평민은 평민이라는 완전히 균형 잡히고 질서 정연한 '황금시대'의 관점에서 보면 시간이 흐르면서 상황은 엉망이 되고, 사람들은 분수에 넘치는 행동을 하며 혼란해진 나머지 더 이상 누가 누구인지 가늠할 수 없고, 원래 있던 규범과 제도를 더 이상 준수하지 않게 됩니다. 따라서 당시에 유행한 진보 사관이 없었다면 토크빌의 논증은 발 딛고 설 수 없었을 테고, 의심받고 논파되기 십상이었을 겁니다. 그로 인해 우리 또한 거꾸로 이해할 수도 있었겠지요. 토크빌의 책이 당시 진보 사관을 믿는 사람을 대상으로 하고 있었다는 점은 분명합니다.

평등은 신의 뜻이다

이어서 토크빌은 책에서 섭리적 사실providential fact을 언급합니다. 글자대로라면 '신의 사실' 또는 '신으로부터 온 사실'이라는 뜻입니다. 그러나 이렇게 번역하면 그의 의도를 오해하거나 왜곡하기 쉽습니다.

토크빌은 원래 종교와 신학 영역에 속하는 이 개념을 새롭게 정의했습니다. 그는 이렇게 주장합니다.

"우리가 '섭리적 사실'을 어떻게 인식하고 이해할 때는 하늘의 계시나 종교 칙령 또는 교회에서 우리에게 말해 주는 것에 기대지 말고 몇 가지 조건에 근거해야 한다. 이 몇 가지 조건을 갖추면 고차원적인 '섭리적 사실'이다."

첫 번째 조건은 보편성입니다. 특정한 지점의 제한을 받지 않으며 특정한 무리에게만 영향을 주지도 않습니다.

두 번째 조건은 지속성입니다. 아주 오랜 시간 동안 특정한 시대에 구속받지 않고 작용이 지속됩니다. 세 번째 조건은 한결같이 인류 행위의 간섭을 거절하고 피하는 겁니다. 인류의 의지와 행위에 따라 변화하지 않는다는 것이죠. 인류가 A라는 행위를 할 때 그것은 발생합니다. 인류가 A와 완전히 상반된 행위를 해도 그것은 발생합니다.

토크빌의 관점에서 평등은 뚜렷하게 이 세 가지 조건, 곧 보편성, 지속성, 인류의 의지나 행위에 좌우되지 않는다는 조건에 맞아떨어집니다. 따라서 평등은 섭리적 사실입니다. 인류가 갈수록 평등해지는 것은 인류가 통제할 수 있는 범위를 넘어서는 일로, 신의 의지가 주재하는 사실입니다.

토크빌은 이러한 방식으로 독자에게 말을 건넵니다.

"당신은 평등이라는 흐름에 반대할 수 없고, 저항할 수도 없다. 평등에 아무리 반대하고 저항해도 소용없다. 평등은 섭리적 사실이니까. 따라서 당신이 하고자 하는 일이 평등을 가로막거나 평등에 위배되는 조치를 취한다 해도 결국 세계는 더 평등해질 것이다."

그리고 토크빌은 독자에게 이렇게 외칩니다.

"당신이 신을 믿는다면 평등을 지지하고 민주주의를

지지해야만 한다. 왜냐하면 평등은 단순한 세속적 행위가 아니라 엄청난 힘을 가졌는데, 이는 신의 의지가 그 배후에 깔려 있기 때문이다. 신을 믿는 사람이라면 당연히 신의 의지를 마음에 새기고 잊지 말아야 한다."

왜 미국이 프랑스보다 먼저 민주주의를 누리는가

『미국의 민주주의』의 1차 독자는 프랑스인, 토크빌과 같은 시대를 살던 프랑스인입니다. 즉 프랑스 대혁명을 겪고 혁명 이후의 혼란까지 경험한 프랑스인이라고 할 수 있습니다.

프랑스 대혁명에 관해 토크빌은 1856년에 인류의 고전이 된 책을 썼습니다. 『앙시앵 레짐과 프랑스 혁명』이라는 책인데, 이 책은 그의 관점을 온전히 드러내고 있습니다. 그러나 『앙시앵 레짐과 프랑스 혁명』에 나오는 주요한 역사적 관점은 『미국의 민주주의』에서 이미 나타납니다. 반세기 가까운 시간이 흐른 후 프랑스 대혁명을 돌아본 토크빌은 이 혁명의 본질이 민주주의 혁명이라고 생각했습니다.

구호는 자유, 평등, 박애였지만 진정으로 이루고자 한 것은 민주주의였고, 평등이었습니다. 사람들은 어떠한 평등한 방식으로 새롭게 사회를 조직하고 생활을 꾸려 나가야 할지 모색한 것입니다.

반세기 후, 프랑스는 여전히 민주주의와 평등으로 가는 길목에서 곤란을 겪고 있었습니다. 그와 비교할 때 프랑스와 비슷한 시기에 식민지 전쟁이 발발한 미국은 벌써 민주주의 성과를 누리고 있었습니다. 이는 토크빌이 뽑아내려 한 가장 강렬한 대비입니다. 미국은 혁명으로 인한 거듭되는 파괴 경험이 없었고, 자기 땅에 혁명으로 인한 폐허도 없었습니다. 그러나 프랑스보다 한 발 앞서 민주주의와 평등의 성과를 누리고 있었지요. 이것만으로도 그가 미국, 특히 미국의 민주주의를 왜 연구하고 연구한 내용을 저술해야 했는지 충분히 설명됩니다. 경천동지할 대혁명을 한참 겪고서도 프랑스는 민주주의와 평등에 기반한 성과를 거두지 못했습니다. 자신들이 해내지 못한 걸 저들은 해낸 겁니다. 그러니 자세히 참고할 가치가 충분하지요.

토크빌이 미국을 연구한 것은 미국이라는 신흥 국가를 알기 위해서였지 미국의 전모를 알기 위해서가 아니었습니다. 미국이 민주주의를 대표한다고 보고 연구한 것입니다.

이 점에서 미국이 신흥국으로서 더욱 유리했던 것은 역사가 짧아서 기억과 기록이 남아 있고, 사람들이 미국에서 어떻게 민주주의가 세워지고 어떻게 변했는지 하나하나 근원을 찾아 거슬러 올라가 알 수 있었다는 점입니다.

유럽 국가들은 모두 미국과 비교했을 때 오래된 나라로, 장구한 역사를 가지고 있었습니다. 다시 말해 국가 제도의 내력을 말끔하게 정리하고 분석하기가 몹시 어려운 상태였습니다. 오래된 국가가 어떻게 강대해졌는지는 시간이 흐르면서 모호해졌고 정확하게 장단점을 가려내기도 곤란했습니다. 그러나 미국은 달랐습니다. 미국의 수립과 발전은 생생하게 눈앞에서 펼쳐지고 있었으니까요.

토크빌은 역사적 시각으로 미국을 바라보았습니다. 그는 『미국의 민주주의』를 집필하면서 미국 역사의 근원으로 거슬러 올라가는 방식을 취했습니다. 1620년 청교도들이 북미 대륙에 도착할 무렵부터 약 200년간 남겨진 풍부한 사료를 정리했습니다. 미국은 젊은 국가였습니다. 기억과 기록이 여전히 남아 있다는 사실 말고도 또 다른 의미가 있었습니다. 그 나라, 그 사회가 자신의 과거를 고쳐 쓸 수 없을 정도로 젊다는 사실입니다.

미국은 200년 역사를 겪어 오면서 줄곧 현실 문제를 처리하느라 바빴지 뒤를 돌아볼 여유가 없었습니다. 유럽의 오래된 국가들과 비교하면 미국은 자신의 과거에 그다지 관심이 없었고 역사에 의미를 두지 않았습니다. 기묘하게도 미국인이 역사를 중시하지 않았다는 사실, 자신의 역사를 기록해야 할 필요성을 느끼지 못했다는 사실 때문에 토크빌은 객관적으로 미국의 건국 과정을 거슬러 올라가 제대로 연구할 기회를 얻은 셈입니다.

지리와 기후가 식민지 사회의 형태를 결정한다

토크빌의 글에 따르면 미국 역사에는 최고 지도 원칙이 있는데, 이는 앞에서 언급한 섭리적 사실, 곧 신은 인간을 갈수록 평등하게 한다는 것입니다. 그는 미국 역사를 집필하면서 여러 가지 다른 요인, 심지어 전혀 관련이 없어 보이는 요소도 다뤘습니다.

『미국의 민주주의』의 목차를 보면 정해진 짜임새가 있어서 우리가 오늘날 읽는 국가별 역사서와 비슷합니다. 예컨대 처음 시작할 때는 해당 국가의 지리 조건을 소개합니다. 어디에 높은 산이 있고 어디에는 큰 강이 있으며 또 어디에는 농업이 발전하기에 알맞다는 등의 내용입니다. 하지만 자세히 읽다 보면 토크빌이 강조한 지리의 중점이 다소 다르다는 사실을 깨닫게 됩니다.

그가 관심을 두는 대목은 보편적인 미국 지리가 아니라 미국이란 땅에 평등 사회가 나타나도록 영향을 미친 변수가 되는 지리입니다. 그는 이런 식으로 이야기합니다.

"경제의 관점에서 보면 북미 대륙에서 사람이 거주하기에 제일 좋고 국가가 발전하기에 알맞은 곳은 미시시피강을 따라 남쪽으로는 카리브해까지, 북쪽으로는 5대호가 있는 대평원까지다. 어떤 관점, 어떤 기준으로 보아도 이 대평원은 인류 사회 발전사에서 없었던 가장 뛰어난 토질을 가졌다."

그러나 중요한 점은 이것입니다. 북미의 역사는 결코 이 풍부한 대평원에서 시작하지 않았습니다. 미국으로 떠난 청교도는 온갖 모험을 겪으며 대서양을 건너 오늘날의 뉴잉글랜드 지방 남부에 도착했습니다. 이것은 누군가 일부러 계획하거나 결정한 일이 아닙니다. 그저 역사의 우연일 뿐이지요. 그러나 이 역사의 우연으로 미국은 순조롭고 평탄하게 시작하지 못하는 운명을 맞이합니다.

뉴잉글랜드에 상륙한 청교도는 거대한 애팔래치아산이 뉴잉글랜드와 중서부 평원을 가로막고 있어서 평원에 갈 수 없었기에 자연 조건이 좋지 않은 뉴잉글랜드에서 상대적으로 가난하고 고통스럽게 생활해야 했습니다. 넓디넓은 북미 대륙에서 뉴잉글랜드보다 더 척박하고 곤궁한 땅은 찾아보기 어렵습니다.

1620년, 메이플라워호가 영국에서 출항했을 때 당시의 조악한 해도에서 찾은 목적지는 허드슨강 하구였습니다. 그들이 허드슨강 하구에 도착해서 오늘날의 뉴욕에 내렸다면 미국의 역사는 사뭇 달라졌을 겁니다. 뉴욕의 기후 조건은 뉴잉글랜드보다 좋고, 더 중요한 것은 뉴욕의 교통 조건이 뉴잉글랜드보다 훨씬 좋다는 사실입니다. 허드슨강을 따라 올라갔다면 오늘날의 뉴욕주를 거쳐 5대호에 도착했을 것이고, 이어 5대호를 따라 서쪽으로 이동했다면 중서부 대평원에 도착했을 겁니다. 그곳에는 넓은 미시시피강이 남쪽으로 이어져 있으니, 그러면 더 따듯한 남부에도 갈 수 있었겠지요.

그러나 섭리적 사실은 메이플라워호가 당초 목적지와 500킬로미터나 떨어진 플리머스에 상륙했다는 겁니다. 게다가 늦가을에서 겨울로 접어드는 시기여서 이주자는 엄혹한 생존의 문제에 직면하게 됩니다. 한가하게 머물 곳을 선택하거나 다른 곳으로 갈 수도 없었고, 새로 도착한 곳을 천천히 정비하고 개발할 시간적 여유도 없었습니다.

섭리적 사실은 그들이 어디에서 식민지 사회를 건설해야 하는지 결정했습니다. 지리와 기후 요소는 또한 그들이 어떠한 식민지 사회를 건설할 수 있을지, 어떠한 자손을 키워 낼 수 있을지도 결정했습니다.

신대륙에는 유럽의 구귀족이 없다

미국 역사를 이해할 때 빠뜨릴 수 없는 키워드 두 가지가 있습니다.

첫째는 신대륙이라는 단어입니다. 신대륙의 '신'은 유럽과 비교한 것으로, 유럽인에게 유라시아 대륙은 진작 익숙한 존재였습니다. 유럽인은 '극동'의 존재를 육로로 일찍부터 파악하고 있었습니다. 그러나 아메리카는 대항해 시대인 15세기 말, 콜럼버스가 극동을 찾아 항해하고 나섰을 때 소가 뒷걸음치다 쥐 잡는 격으로 발견됐습니다.

신대륙은 유럽인이 가 보지 못한 큰 땅이었습니다. 게다가 신대륙에는 유라시아 대륙처럼 수천 년간 발달하고 지속된 농업 문명도 없었지요. 신대륙에는 널찍하면서도 개발되지 않은 땅과 풍부한 자연 산물이 그대로 남아 있었습니다. 유럽인이 없으니 유럽식 귀족도 없었죠.

토크빌의 기본 관점은 다음과 같았습니다. 귀족은 기본적으로 토지가 희소해 발생한 경쟁 상황에서 나타난, 토지를 확보하고 장악하는 자였습니다. 귀족의 토대는 토지에서 나온 이익이었지요. 토지가 한정되어 있었으므로 충분히 많은 토지를 확보하고 장악하는 사람은 땅이 없는 사람에게 땅을 빌려주고 그가 농사지어 얻은 성과를 앉아서 편히 받아먹습니다. 이렇게 부를 모은 사람은 그 부를 권력으로 바꿀 수 있는 기회까지 얻습니다. 귀족의 권력은 그 뿌리를 파헤쳐 보면 토지, 정확히는 토지 부족에서 온 것입니다.

신대륙에서는 이렇게 토지로 인한 귀족이 생겨날 수 없었습니다. 토지가 너무 많고 컸으니까요. 누군가 큰 땅을 점유하고 다른 사람을 불러다 농사를 짓게 하고 자기는 편히 앉아서 수확의 절반을 가져가겠다고 말한다면 도대체 누가 받아들이겠습니까? 다른 곳에서 자기 땅을 찾아서 농사지으면 수확이 온전히 자기 것이 되는데 말이죠. 타인에게 통제받을 필요도 없고, 땅을 구걸할 이유도 없습니다.

'새로운' 땅이었기 때문에 이 대륙의 토지 소유권은 고정되지 않았습니다. 유럽이 '오래된' 이유는 토크빌의 해석에 따르면 토지 소유권이 만들어지고 고정된 탓입니다. 절대다수의 토지에 주인이 있어서, 토지가 없는 사람은 노동력을 제공하고 그 노동력으로 얻은 소득의 일부를 토지를 사용하는 대가로 지불해야 했습니다. 그래서 토지를 가진 사람과 가지지 못한 사람이 나뉘었고, 이 두 부류의 절대적 차이가 바로 귀족과 평민의 차이였습니다.

신대륙에는 귀족이 없었습니다. 미국은 토지 귀족이 없는 상황에서 세워진 나라이고 건국 후에도 일정 시간 동안, 토크빌이 『미국의 민주주의』를 쓰고 있을 때까지도 토지가 부족하다거나 토지를 빼앗는다거나 토지 자원을 독점한다든가 하는 심각한 문제가 발생하지 않았습니다. 다시 말해 이 나라에는 유럽식 귀족이 출현할 가능성이 거의 없었습니다.

자신의 신앙 왕국을 세우다

두 번째 키워드는 청교도입니다.

1620년 이후 속속 뉴잉글랜드에 도착한 이 무리는 스스로를 성지 순례자라 불렀습니다. 어떻게 이런 이름으로 부르게 되었을까요?

성지 순례에는 두 가지 의미가 있습니다. 첫 번째는 성지로 참배를 간다는 의미입니다. 여기에서 성지는 예루살렘일 수도, 로마일 수도, 어느 성인의 출생지나 매장지일 수도 있습니다. 그러나 이들 무리가 영국에서 바다를 건너 당시 문명화되지 않은 곳으로 여긴 북미 대륙으로 간 것은 어떠한 성자의 족적을 따른 것이 아니므로 그들의 성지 순례가 가리키는 것은 이 의미가 아닌 것이 분명합니다.

성지 순례의 두 번째 의미는 존 버니언의 『천로역정』에서 비롯된 것으로, 천국을 찾아가는 일련의 정신적 추구를 뜻합니다. '천로역정'天路歷程으로 번역되는 이 책의 원제는 'A Pilgrim's Progress'입니다. 직역하면 '어느 성지 순례자의 여정'이나 '어느 성지 순례자의 길'이 됩니다. 비교하자면 이쪽이 당시 이민자들의 마음에 가깝습니다. 그들은 자신이 버니언의 작품에 등장하는 성지 순례자를 닮았다고 상상했습니다. 사악하고 불의한 세속을 떠나 천신만고 끝에 아직까지 오염되지 않은 깨끗한 땅을 발견했다고 생각한 겁니다.

토크빌은 이 일을 매우 중요하게 봤습니다. 그는 각별히 한 가지 사실을 강조했습니다.

"이들 무리는 성지 순례를 하는 청교도임을 스스로 인정했다. 경제적인 원인이나 생활적인 원인이 아닌 이유로 북미 대륙에 간 것이다. 그들은 고향에서 생활하는 게 너무 힘들거나 자원이 부족하거나 능력이 없어서 고향을 등지기로 결심한 것이 아니다. 그들은 부랑자도 아니고 모험가도 아니었다."

만약 단순히 생활의 어려움 때문이라면 그토록 멀리 가지는 않았을 겁니다. 그저 장소를 바꾸어 생계를 도모하려고 했다면 대서양을 건너 그토록 멀리까지 항해할 이유가 없지요. 토크빌은 이 또한 섭리적 사실이며, 그들이 강력한 종교 신앙을 지닌 청교도였기 때문에 북미 대륙까지 갔다고 보았습니다. 모험가도 아니고 사금 채취자나 정복자도 아니고 바로 그들, 청교도가 미국을 세운 겁니다.

한편 청교도는 당시 권력을 쥐고 있는 영국 국교회에서

승인받지 못했고, 다른 한편으로는 영국의 일반적인 종교 분위기를 낯설어했습니다. 그리하여 그들만의 더 순결한 땅을 찾고 만들어 내고자 했습니다. 그들은 내면에 매우 강렬한 개인 신앙을 지니고 있었습니다. 청교도는 이렇게 주장했습니다.

"신앙은 사람과 신 또는 사람과 예수 그리스도 사이의 일이다. 사람은 『성서』를 읽고 예수 그리스도의 사랑을 깨달음으로써 신의 뜻을 이해할 수 있다. 이 중간에 교회가 개입해서는 안 되며, 교회는 사람과 신 사이의 소통을 막을 권리가 없다."

청교도는 다음과 같이 믿었습니다.

"신은 인간이 가장 소박하고 엄격하게 생활하기를 원하신다. 세상의 그 어떠한 것도 우리를 걱정하게 만들고, 세상에 미련을 가지도록 할 순 없다. 그러나 신성한 저세상에 대한 기대와 추구를 약화할 수는 있다."

그러니 커다란 교회나 장엄한 성상, 화려한 장식은 청교도의 눈에 신의 표지가 아닌 악마의 상징으로 보였습니다. 그들의 신앙은 그들의 생활에서 더 전면적으로 드러났습니다. 바꾸어 말하면 그들에게 신앙 외의 생활이란 없었습니다. 생활과 신앙은 형식은 달라도 취지는 같았습니다.

청교도와 신의 관계에서 막간의 휴식이란 없습니다. 이 점이 청교도와 전통 가톨릭교 신도 간의 가장 큰 차이점입니다. 가톨릭교 신도의 신앙에는 시간성이 있습니다. 가톨릭교회에 가서 미사를 볼 때 그것은 종교의 시간입니다. 신부를 찾아가 고해성사를 할 때도 종교의 시간이지요. 또한 인생에서 가장 중요한 시간인 출생, 세례, 결혼, 사망도 중요한 종교의 시간입니다. 그러나 이 밖에도 이들에게는 종교와 직접 관련이 없는, 종교의 존재를 느끼지 않고 정상적으로 생활하는 시간이나 세속적으로 생활하는 시간이 많이 있습니다.

청교도는 이러한 '쉴 수 있는 종교 생활'에 강력하게 반대합니다. 그들의 신념에 따르면 인간은 신을 위해 살고, 인간의 생활은 바로 신에게 봉사하는 생활이며, 신에게 허락을 구하면 신이 허락합니다. 신도는 신이 선택한 백성이며 자신이 불의한 생활을 하는 사람이 아님을 신에게 증명해 보여야 합니다.

이러한 신앙을 로마 가톨릭교에서 용납할 리 없었습니다. 영국 국교회는 이상합니다. 로마 교회의 권위를 반대한다는 관점에서 보면 영국 국교회는 신교에 속합니다. 그러나 영국 국교회 창시자는 어떤 종교 선지자나 신학 지도

자가 아니고 더 이상 세속적일 수 없는 영국 국왕 헨리 8세입니다. 헨리 8세는 이혼 문제로 로마 교회와 갈등하던 중 로마 교회가 그의 이혼을 허락하지 않자 분노한 나머지 영국 국민의 종교를 국교회로 바꾼 인물입니다. 영국 국교회에는 자신만의 특별한 교의와 신앙이 따로 없었고, 로마 가톨릭교의 의식과 크게 다르지도 않았습니다. 기본적으로는 로마 가톨릭교의 의식과 신앙을 잇되 종교 지도자만 영국 국왕으로 바꾼 셈이었습니다. 영국 국교회는 개인의 자주적인 신앙 공간이 없었으므로 형식주의가 흘러넘쳤고 이는 청교도와 강렬하게 대비될 수밖에 없었습니다.

청교도는 영국 국교회를 떠나 깨끗한 땅을 찾아 나섰고 자신들만의 신앙 왕국을 건설하고자 했습니다. 이것이 바로 그들이 보여 준 용기와 의연함의 근원이었습니다.

하버드는 원래 대학이 아니었다

메이플라워호가 1620년 닻을 내린 곳은 오늘날 미국의 매사추세츠주에 속하는 지역입니다. 매사추세츠주에는 유명한 대학이 한 곳 있습니다. 하버드대학입니다. 이곳에는 유명한 동상이 하나 있는데 이 학교의 선생과 학생이 '세 가지 거짓말'The Statue of three Lies이라는 애칭으로 부릅니다. 하버드대학에 가면 이 동상을 볼 수 있습니다. 이 동상이 '세 가지 거짓말'이라고 불린다고 하면 여러분은 동상 아래 새겨진 글귀가 있으리라 예측할 겁니다. 타이완 사람이 2·28● 기념비에 새겨진 명문 내용에 오류가 있다고 생각하는 것처럼요.

실제로 직접 가서 보면 눈앞에 있는 동상이 더 이상 단순할 수 없을 만큼 단순한 걸 발견하고 놀랄 겁니다. 동상이 위에 있고, 그 아래 있는 돌에 가장 기본적인 몇 글자가 새겨져 있습니다. "John Harvard, Founder, 1636."

이 사람이 존 하버드●●이며, 그는 이 학교를 세운 사람이고 학교가 세워진 시기가 1636년이라는 내용입니다. 이것뿐입니다. 이 정도로 간단하게만 적혀 있는데, 어디에서 세 가지 거짓말을 찾아야 할까요?

첫 번째 거짓말은 동상의 주인공이 존 하버드라는 것입니다. 이 동상의 주인공은 존 하버드가 아닙니다. 동상을 주조한 시기는 존 하버드가 생존해 있던 시점에서 200여 년이

● 1947년 2월 28일 중화민국 정부의 통치에 맞서 타이완 내 본성인(本省人)들이 일으킨 항쟁.(옮긴이)
●● 존 하버드(John Harvard, 1607–1638)는 영국에서 뉴잉글랜드로 이주한 선교사로, 30세에 폐결핵으로 죽기 전에 자신의 모든 장서와 재산 절반을 학교에 기부했다.

지난 때입니다. 존 하버드는 초상화를 남기지 않았기 때문에 어느 누구도 그가 어떻게 생겼는지 몰랐습니다. 그런데 어떻게 동상을 만들었을까요? 학교에서 가장 잘생긴 남학생을 모델로 삼아 만들었습니다. 말하자면 속인 겁니다.

두 번째 거짓말은 존 하버드가 하버드대학을 세웠다는 겁니다. 오늘날 학교에 그의 이름이 붙어 있긴 하지만 학교를 세운 사람은 사실 다른 사람입니다. 학교를 세우고 2년 뒤 존 하버드가 아낌없이 큰돈과 장서를 기부하자 학교 이름을 '하버드'로 바꾼 겁니다.

세 번째 거짓말은 두 번째 거짓말에서 비롯됩니다. 존 하버드가 돈과 책을 기부해 학교가 이름을 바꾼 시점은 1636년이 아니라 1638년입니다. 1636년은 학교가 처음 세워진 해이고, 당시에는 하버드라는 이름으로 불리지 않았고 존 하버드와 전혀 관계가 없었습니다.

쉽지가 않지요. 아무런 설명도 없이 달랑 세 단어만 새겨져 있고, 그마저도 죄다 거짓말인 허무맹랑한 동상이라니, 세상 어디에 또 이런 동상이 있겠습니까.

세 가지 거짓말이 새겨진 이 동상은 몇 가지 중요한 역사적 사실을 뚜렷하게 아는 데 도움을 줍니다. 식민지 건설자들은 1620년에 상륙했고 머나먼 나라에 와서 천신만고 끝에 새로이 생활을 꾸렸습니다. 그리고 불과 십수 년 뒤인 1636년에 학교를 세웠습니다. 처음 이 학교에 붙여진 이름은 케임브리지 신학교Cambridge Seminary였습니다. 1638년 존 하버드의 기부로 학교 이름이 바뀌었을 때도 그 이름은 하버드대학이 아니라 하버드 신학교였습니다.

이는 토크빌이 강조한 사실을 구체적으로 반영합니다. 북미 대륙에 온 무리는 단순히 피난을 하거나 다급하게 살아남으려는 사람들이 아니었습니다. 그저 생계를 해결하려고 왔다면 먹고사는 일에 급급했을 겁니다. 그런 사람들이 그렇게 서둘러 신학교를 세웠을까요?

게다가 가장 먼저 세운 것이 실용 지식이나 기술을 가르치는 학교가 아니라 신학교였습니다. 북미 대륙 식민지에 온 청교도들은 자신의 가정, 자신의 종교는 물론이고 종교와 교육을 대하는 엄숙한 태도까지 함께 가져온 겁니다. 이러한 몇 가지 조건을 결합하면 민주주의 사회의 기초를 닦는 데 큰 도움이 됩니다.

청교도의 종교 신앙과 교육적 태도는 긴밀하게 연결돼 있습니다. 그들은 자기 아이들이 정확한 행동, 그러니까 규칙을 잘 따르고, 교리문답을 암송하며, 예배법을 익히도록 하는 데에서 끝내지 않았습니다. 그들의 종교는 내면의 진실한 신앙을 더욱 중시했습니다. 이로 인해 겉으로 꾸민 행위나 의식에 극도로 민감했습니다. 그들은 교육이 내면에 파고들어서 아이들이 생각하는 방식과 근본적인 가치관에 영향을 미쳐야 한다고 봤습니다.

청교도들이 신학교를 세운 것은 바로 이러한 이유 때문입니다. 선교사를 훈련하기 위해서가 아니라, 사람이 더 높은 수준의 지식을 추구해야 한다고 인정한다면 신학만이 유일한 길이었고, 신학만이 배우고 익힐 가치가 있는 유일한 지식이었습니다. 유럽은 일찍이 12세기에 대학을 세웠습니다. 그러나 북미에 온 청교도들은 대학을 세우는 데 관심이 없었습니다. 그들에게 필요한 것은 오직 사람이 신을 알고 믿음을 굳게 지켜 나갈 수 있는 곳, 신학교뿐이었습니다. 그것이 신학교의 가장 큰 역할이기도 했지요.

북미 대륙에 온 사람들이 청교도가 아니라 생활이나 경제적 동기로 온, 남미 대륙의 식민 침략자 같은 이들이었다면 그들은 신대륙에 머물려고 고집하지 않았을 겁니다. 아울러 청교도들이 그토록 강력한 동기를 가지고 있지 않았다면 자신들의 무리를 유지하고, 자신들만의 강한 독립성을 유지할 수 없었을 겁니다.

민주주의는 왜 뉴잉글랜드에서 시작됐는가?

나아가 토크빌은 영국인의 식민 방식을 세 가지로 정리했습니다. 첫째는 국왕의 명령을 받아 사람을 파견해 식민지를 개척하는 겁니다. 한 무리의 사람을 이끌고 가서 개척하고 경영합니다. 이때 중점은 토지 확장과 점유에 있습니다. 둘째는 특수한 이익이 있는 곳을 확정하는 겁니다. 예컨대 은광이나 금광이 있는 지역은 개발자가 주도적으로 국왕에게 특별 허가서를 요청해 해당 지역에서의 독점적 권리를 얻음으로써 다른 이들이 와서 이익을 다투지 못하도록 합니다.

셋째는 한 무리의 사람이 새로운 지역에 가서 먼저 그곳에 식민지 사회를 세운 뒤 국왕에게 보고해 특별 허가서를 요청함으로써 해당 지역에서 자신의 이권을 승인받는 겁니다.

이 셋째 모델은 북미 대륙에서 나타났습니다. 북미 대륙의 청교도는 독립성이 강했고, 스스로 고향을 떠나 타지로 가서 새로운 땅에 맞는 생존 방식을 찾아냈습니다. 이 과정에서 영국 왕의 도움은 필요하지 않았고 그들이 도움을 구하지도 않았습니다. 그들은 정착하고 난 후에야 국왕을 떠올렸고 필요로 했습니다. 그들에게 필요한 것은 국왕의 특별 허가서를 얻어서 외부인의 진입을 막는 일이었습니다. 바로 그들 무리의 특성을 온전히 유지하기 위해서였습니다. 북미 청교도는 영국 왕이 주는 특별 허가서 획득이 영국 왕실이 와서 그들을 관리한다는 의미가 아니라 일정한 범위 내에서 외부인의 진입과 간섭을 받지 않을 권리를 얻는 것이라고 여겼습니다. 그리고 그들은 영국 왕실의 개입이라는 가장 중요한 조건도 배제했습니다. 다시 말해 자기 무리 안에서 모든 일을 질서 정연하게 처리할 수 있었기 때문에 외부의 권위에 협조를 바라거나 정책 결정 부분에서 도움을 요청할 필요가 전혀 없었지요.

버지니아를 중심으로 하는 미국 남부 지역은 17세기에 뉴잉글랜드와는 다른 식민지 사회로 발전했습니다. 남부의 식민지는 앞에서 말한 둘째 모델에 가깝습니다. 현지에 간 식민지 개발자가 그곳의 풍토가 사탕수수와 면화를 재배하는 데 적합하다는 사실을 발견하고 경쟁자의 진입을 막으려고 영국 국왕에게 특별 허가를 얻음으로써 토지 이익을 독점하려고 했기 때문입니다.

토지에서 얻는 이익을 주요 목표로 추구한 까닭에 남부

식민지는 오래지 않아 흑인 노예를 끌어들여 백인과 흑인, 두 계층으로 구성된 사회를 만들었습니다. 이런 종류의 사회가 북부의 뉴잉글랜드에서는 나타날 수 없었습니다. 뉴잉글랜드 지역은 상대적으로 환경이 척박했고, 게다가 청교도는 현실적 이익을 무시하고 정신적 추구만을 강조했습니다. 그들에게는 개발을 극대화하려는 욕망이 없었습니다. 더 중요한 것은 청교도가 일종의 신념의 결합체로서 강력한 배타성을 지녔기에 철저하게 이질적인 흑인 노예를 자신의 무리에 포함시키고자 하지 않았다는 사실입니다.

따라서 미국 민주주의의 기원은 청교도가 세운 뉴잉글랜드 지역의 식민지이지 사탕수수와 면화 대농장을 지닌 남부가 아닙니다. 뉴잉글랜드에서 발전한 민주 제도에서 기본 단위는 작은 타운이며, 모든 타운에는 함께 토론하고 결정하는 타운 집회town meeting가 있었습니다. 이후 수많은 자립적인 타운과 타운 집회가 '주'州를 구성했고, 각 주가 연합해 만든 게 미국 연방 정부입니다.

타운이 기본 단위가 된 데는 뉴잉글랜드의 지리가 큰 역할을 했습니다. 상대적으로 조각난 지형이 모든 거주 지역의 크기를 제한했고, 농경지 또한 부족한 상황이라 취락과 인구 증가에도 한계가 있었습니다. 땅이 부족해 많은 이들을 먹여 살릴 수 없었기에 일부 사람은 원래 있던 촌락을 떠나서 가까이에 새로운 촌락을 일궜습니다. 그렇게 하나씩 촌락이 늘어났어도 각 촌락의 규모는 크지 않아서 모든 사람이 모여서 회의할 수 있는 정도로 유지됐습니다. 타운 집회를 통한 민주주의는 이렇게 만들어졌습니다.

4

현실 속의 민주주의

북미 식민지에는 화려한 광채가 없었지만 비참한 생활도 없었습니다. 화려한

광채를 지녔던 프랑스 사회는 동시에 빅토르 위고가 쓴 『레미제라블』 같은

비참한 세계도 공존했습니다. 일단 귀족의 영광이 사라지면 귀족의 발아래

밟힌 비참한 이들의 비참한 생활도 사라집니다.

민주주의는 화려하지는 않지만 비참하지도 않다

　토크빌은 냉정한 태도로 민주주의를 대합니다. 그는 한편으로 프랑스에서 민주주의를 반대하는 사람에게 민주주의의 장점을 설명하고, 다른 한편으로 프랑스의 민주주의를 열광적으로 지지하는 사람에게 민주주의 단점을 객관적으로 들려줍니다. 토크빌의 냉정한 관찰 방식은 그가 책에서 다룬 정치 제도 비교에서 가장 잘 드러납니다. 그는 민주주의의 아름다운 풍경을 그리지 않습니다. 그저 구체적으로 민주주의의 효과와 이익을 분석하고 가능한 한 솔직하고 담백하게 민주주의를 선택했을 때 도대체 무엇을 얻고 무엇을 잃게 되는지 설명합니다.

민주주의를 선택한 사회에서는 귀족주의의 화려한 광채가 약해집니다. 부와 지위가 가져오는 눈부시고 화려한 광채는 줄어들지요. 토크빌이 미국 민주주의 사회에서 본 모든 것도 유럽에 비하면 상대적으로 초라해 보입니다.

200여 년 후에도 이러한 상황은 사실 변하지 않았습니다. 미국에서 유학할 때 나는 보스턴에서 6년 넘게 머물렀는데, 친구와 손님이 올 때마다 사람들을 어디로 데려가서 관광을 시켜 주어야 할지 몰라서 막막하고 곤혹스러웠습니다. 보스턴은 관광하기에 적절한 도시가 아닙니다. 어디를 가 봐도 감탄사가 튀어 나올 만한 화려한 풍경이 없습니다.

예컨대 가장 유명한 관광지가 하버드대학입니다. 사람들은 일단 하버드에 도착해서 관광하던 습관대로 학교 교문을 찾아 기념사진을 찍으려고 합니다. 문제는 하버드대학에 교문이 없다는 점입니다. 흔히 상상하듯이 커다랗게 "Harvard University"라고 적힌 아치형 교문이나 철문이 없습니다. 하버드대학의 문은 모두 작습니다. 게다가 문에 'Harvard University'라고 식별할 수 있도록 적어 두지도 않았습니다. 다른 방식으로 이야기하면 타이완에 있는 아무 대학의 교문도 하버드대학의 교문보다는 클 겁니다.

그나마 가장 하버드대학의 교문처럼 보이는 건 존스턴

게이트*입니다. 하버드 학생들은 습관적으로 존스턴 게이트에서 만나기로 약속하는 경우가 많습니다. 그곳에서 만나 서점을 둘러보기도 하고 밥도 먹고 영화도 봅니다. 그러나 존스턴 게이트에서는 'Harvard'라는 글자를 볼 수 없고, 'Johnston Gate'라는 글자도 없습니다. 그저 단순한 철책문이 있을 뿐입니다. 양쪽 벽에 글자가 적힌 네모꼴 돌이 박혀 있는 것이 전부이며, 그 돌에 적힌 글자는 라틴어입니다. 실용적인 문이지 표지로 삼으려는 문이 아닙니다. 뽐내려는 문은 더더욱 아니지요.

보스턴 시내에는 베이위밍貝聿銘** 사무소에서 설계한 존 핸콕 타워John Hancock Tower가 있는데 이 건물은 관광객이 눈길만 살짝 스쳐도 알아보지만 그 밖에는 사람을 데려가 보여 줄 만한 곳이 없습니다. 어딘가 데려간다 해도 그 사람이 관광으로 만족하기는 대단히 어려울 겁니다. 뭔가 기이한 것을 봐서 얻는 만족은 집에 가서 700그램짜리 랍스터 두 마리를 먹는 데서 오는 만족만 못합니다.

사실 보스턴은 좋은 곳입니다. 살기에도 좋고 문화 자원이 넉넉하며 생활하기에도 편리합니다. 그러나 이곳은 은근함, 실용성, 과장하지 않음, 뽐내지 않음 등과 같은 그 옛날 영국 청교도의 기본 가치를 유지하고 있는데, 이것이

● 존스턴 게이트(Johnston Gate)는 하버드대학에 들어가는 여러 문 가운데 하나로, 그 이름은 기부자인 1855년 졸업생 새뮤얼 존스턴(Samuel Johnston)에서 따왔다.
●● 하버드대학 건축학과 출신의 미국계 중국인 건축가.(옮긴이)

바로 토크빌이 말한 민주주의의 특색입니다. 다시 말해 귀족주의의 화려하고 아름다운 광채가 없습니다.

종교 이민자가 세운 뉴잉글랜드에서는 큰 교회를 찾아보기 힘듭니다. 규모가 큰 교회 자체가 소수인데, 그마저도 훗날 가톨릭교나 영국 국교회에서 지은 교회입니다. 전형적인 뉴잉글랜드의 풍경은 구불구불한 길로 연결된 타운이 있고, 그 타운에 작은 교회가 몇 곳 세워진 모습입니다. 그런 교회는 처치church라 부르지 않고 톤을 낮추어 채플chapel이라고 부릅니다. 교회 앞에는 보통 큰 나무가 한 그루 있는데, 상수리나무이거나 단풍나무입니다. 차를 타고 이런 작은 교회를 지나 몇 분이면 타운을 다 둘러볼 수 있습니다.

북미 식민지에는 화려하고 아름다운 풍경이 없습니다. 그러나 토크빌은 이렇게 일깨웁니다.

"화려하고 아름다운 광채가 사라지면 그와 함께 비참한 생활도 사라진다. 가장 화려하고 아름다운 광채를 지닌 프랑스 사회에는 빅토르 위고가 쓴 『레미제라블』이 공존한다."

광채와 비참은 서로 손을 잡고 함께합니다. 미국의 민주주의 사회를 프랑스의 귀족주의 사회와 비교하면 광채가 줄어든 만큼 비참도 줄어듭니다. 귀족의 영광은 없지만 귀족의 발아래 밟힌 비참한 사람들의 비참한 생활도 없습니다.

가장 화려한 생활도 지나치게 화려하지 않고 가장 비참한 생활도 지나치게 비참하지 않습니다. 이것이 토크빌이 처음으로 비교해 보여 주는 내용입니다.

민주주의는 중간의 좋음과 선량을 만들어 낸다

토크빌이 두 번째로 비교해 보여 주는 것은 사람이 보통 생활에 필요한 것 외에 누릴 수 있는 즐거움과 보통 생활에서 얻을 수 있는 편안입니다.

토크빌은 민주주의 사회와 민주주의의 효과는 즐거움을 줄이고 편안을 늘리는 것이라고 말합니다. 다시 말해 생활 자체는 더 편안해지지만 생활 외의 즐거움은 그다지 많지 않다는 겁니다. 민주주의 사회에서는 모두 평등해집니다. 절대다수의 사람이 의식주 같은 기본 생활의 편안을 누리지만 기본 생활 외의 즐거움을 누릴 만큼 자원이 넉넉하지는 못합니다.

미국인은 평균적으로 프랑스인보다 편안하고 자유롭게 생활합니다. 그러나 미국인이 누리는 사치품의 호화로운 수준이나 문화 예술의 정교한 아름다움의 수준은 프랑스인과 비교할 수 없습니다. 토크빌의 이러한 비교는 바로 오랫동안 유럽인이 미국 문화 수준을 의심해 온 태도의 기원이 되기도 합니다.

토크빌의 세 번째 비교는 민주주의 사회에서는 순수한 지식을 귀족주의 사회처럼 추구하기 어렵다는 내용입니다. 넓은 의미에서 사이언스sciences는 여러 가지 비실용적인 지식과 학문으로, 민주주의 사회에서는 최상의 효과를 얻을 수 없습니다. 그러나 대조적으로 민주주의 사회에는 완전히 무식한 사람도 크게 줄어듭니다. 대부분의 사람이 기본 지식을 가집니다. 민주주의 사회는 사람들이 보통 지식을 갖추게 하지만 그들이 새로운 첨단 지식을 추구할 만큼 여유롭게 지원하지는 못합니다.

'평균적 지혜'라는 관점에서 보면 민주주의 사회는 분명 귀족주의 사회보다 수준이 높습니다. 그러나 첨단 학문, 문화, 예술적 성취라면 민주주의 사회는 귀족주의 사회만 못함을 인정해야 합니다. 토크빌은 민주주의가 평균과 집단을 발전시키는 데는 유리하지만 개별적인 첨단 제도에는 불리하다고 여겼습니다.

네 번째로 토크빌은 이렇게 비교합니다. 귀족주의 사회와 비교했을 때 민주주의 사회에 사는 사람의 나쁜 생각과 행동은 늘지만 두드러지는 범법 행위는 줄어듭니다. 다시 말해 민주주의 사회에서는 나쁜 일이 자잘하게 벌어지긴 해도 상대적으로 크고 무거운 범죄의 비율은 낮아진다는 겁니다.

왜 이런 대조적인 상황이 발생할까요? 이는 토크빌이 평등을 바라보는 기본 관점과 연관이 있습니다. 그 관점은 그가 미국 대륙의 인디언을 묘사할 때 가장 뚜렷하게 드러납니다. 그는 이렇게 말했습니다.

"과거에 유럽이라는 구세계는 인디언과 접해 보지 못해서 그들이 무지하고 가난하지만 동시에 성실하고 고귀한 특질을 지니고 있다는 사실을 알지 못했다."

구세계인 유럽 사회에서는 무지하고 가난하지만 성실하고 고귀한 사람을 찾기가 어렵습니다. 왜냐하면 무지하고 가난한 사람은 불평등한 사회에서 반드시 열등감이 생기기 때문입니다. 그들은 주위에서 자기보다 유식하고 지혜로운 사람을 의식할 수 없습니다. 더 중요한 것은 그들이 자기보다 부유한 사람을 의식하지 않을 수는 없다는 겁니다. 이렇게 비교하다 보면 열등감이 생길 수밖에 없지요. 나아가 열등감은 그들을 위축시키고 만족하지 못하게 만듦으로써 그들을 악하게 하고 법을 어기고 강도짓을 하도록 합니다.

인간의 타락은 무지와 가난이 아니라 열등감에서 옵니다. 북미의 인디언은 무지하고 가난했지만 결코 타락하지 않았습니다. 그들은 평등한 사회에서 살았고, 눈을 들어 주위를 둘러보아도 자신과 닮은 부족 사람뿐이었기에 열등감을 느낄 일이 없었지요.

자기보다 부유하고, 똑똑하고, 세상 돌아가는 이치를 잘 알고, 유식하고 뛰어난 학문을 갖춘 사람을 보아도 스스로 빈곤과 무지를 느끼지 못하고, 이런 열등감을 해소하려고 깊이 연구하거나 속이거나 훔치거나 빼앗거나 하지 않습니다. 평등한 사회에서도 물론 욕심을 부리기도 하고 원한을 가짐으로써 악을 낳기도 하지만 규범이나 법률을 어기고 범죄를 저지를 강력한 동기가 없기 때문에 범법 행위가 상대적으로 줄어듭니다. 이는 토크빌이 민주주의 사회에 대해 지닌 또 하나의 생각이었습니다.

이 네 번째 비교는 토크빌이 민주주의에 대해 묘사한 객관성 위에 이뤄졌다는 점에서 의미가 있습니다. 그는 자신의 태도와 방법을 보여 줄 때 일방적으로 민주주의를 찬미하거나 비판하지 않고, 상반된 양쪽 관점의 균형을 맞춥니다. 그가 비교하는 내용을 보면 우리는 토크빌이 민주주의의 가장 핵심적인 부분을 평가하고 있음을 알아차릴 수 있습니다. 민주주의는 중간의 좋음과 선량을 만들어 내면서 가장 탁월한 부분과 가장 사악한 부분을 제거한다는 것입니다.

이러한 평가는 토크빌 자신이 귀족 가문 출신이기에 가능했습니다. 그는 귀족의 화려하고 아름다운 즐거움을 누린 사람이었고, 이 신분을 지니고 반세기나 혼란스러웠던 프랑스 사회를 설득하려고 했습니다. 민주주의는 그들이 누렸던 화려한 아름다움과 즐거움을 없앨 테지만 상대적으로 평등 효과를 불러올 수 있다고 생각한 겁니다. 결국 민주주의는 비교적 정확하고 수지타산이 맞는다고 본 거지요. 민주주의는 우리가 거부할 수 없는 '섭리적 사실'이라 생각한 겁니다.

인류 정치의 미래를 보여 주는 미국의 경험

토크빌이 『미국의 민주주의』를 쓸 때, 민주주의는 인류에게 아직 신선한 경험이었습니다. 요즘에는 민주주의에 대한 수많은 고정된 견해를 접할 수 있습니다. 예컨대 민주주의가 이미 효과가 증명된 긍정적인 가치라거나 민주주의는 인류가 발명한 정치 제도 가운데 결점이 가장 적다거나 하는 것들입니다. 이러한 견해가 당시에는 아직 없었고, 훗날에 가서야 발전되어 나왔습니다.

토크빌이 쓴 『미국의 민주주의』의 큰 의미는 원래 북미 이민자들이 특수한 역사, 지리에 맞추어 설계한 권력 배치 방식을 보편적이고 원리적인 언어로 정리해 냈다는 점입니다. 이 방식은 물론 이론적인 근원을 가지고 있지만 결국 큰 부분은 북미 식민지의 특수한 조건에 따라 시행착오를 거치는 방식으로 끊임없이 조정되었습니다. 토크빌은 누구보다 일찍, 심지어 미국인보다 먼저 이러한 시행착오가 누적된 미국의 경험을 보편적 원칙으로 바꿨습니다.

토크빌은 미국의 특수성을 무시하지 않았습니다. 그래서 책 앞에 먼저 민주주의가 왜 어떻게 미국에서 나타났는지 소개하고 해석했습니다. 그러나 결국 그는 역사학자가 아니었기에 순수한 역사적 호기심이나 역사학적 취향이나 의미의 관점에서 이 사건을 대하지 않았습니다. 그가 더 관심을 기울인 것은 책 속에 잘 드러나 있듯이, 민주주의가 인류 정치의 미래라는 명제였습니다.

토크빌은 프랑스와 유럽 독자에게 미국의 민주주의 경험은 바다 건너 저 멀리에서 일어나는 일이 아니며 청교도가 영문도 모르고 만들어 낸, 프랑스나 유럽과 아무런 관계도 없는 일로 봐서는 안 된다고 말했습니다. 토크빌은 책에서 '민주주의가 나와 무슨 상관인가?'라는 중요한 문제에 답합니다.

책 제목은 『미국의 민주주의』라고 붙였지만 토크빌이 진정 독자에게 하고 싶어 한 말은 민주주의란 결국 무엇이고 왜 민주주의가 중요하며, 민주주의가 미국 아닌 다른 나라에 사는 우리 개개인과 무슨 관계인지, 심지어 우리 개개인 사이에서 무슨 관계가 있느냐는 겁니다. 미국 민주주의의 전후 맥락에서 이야기를 풀어내기 시작했지만 책이 끝날 무렵에 민주주의는 이미 미국의 특수한 역사 경험을 벗어나 인류 공통의 정치 미래가 됩니다.

민주주의는 미국이 건국되기 전에도 존재했지만 사상

과 이론의 형식으로 존재한 것은 아니었습니다. 가장 중요한 것으로는 몽테스키외가 『법의 정신』에서 내놓은 관점입니다. 몽테스키외는 '감독과 견제, 균형'의 원칙으로 절대적이고 독단적인 왕권을 대체하자고 주장했습니다. 또한 그는 '삼권 분립'의 틀을 설계해서 행정권, 입법권, 사법권을 구분하고 이 삼자가 서로 감독하고 견제해 균형을 유지하도록 했습니다. 이러한 개념, 이러한 틀은 미국의 헌법에 깊은 영향을 줬습니다. 그러나 몽테스키외는 자기 책에서 위에서 아래로 내려오는 정치권력의 근원을 어떻게 아래에서 위로 올라가도록 바꿀지는 설명하지 않았습니다. 프랑스 대혁명과 그 뒤에 이어지는 혼란스러운 변화에서 알 수 있듯이 효과적으로 아래에서 위로 올라가는 권력 기제를 만들어 내지 못하면 삼권 분립은 제 역할을 할 수 없습니다. 조금 더 넓혀서 말하면 민주주의에는 수많은 복잡한 고리가 있고 그 고리가 서로 연결되어 있어 고리가 하나라도 빠지면 제대로 작동하지 않습니다.

이러한 고리는 사상이나 이론에만 기대어 설계할 수 없습니다. 아무리 총명한 두뇌에서 나온 사상과 이론이라 해도 '대중'을 기초로 삼아 대중을 관할하는 권력에 서로 영향을 주는 민주주의 기제에 대응하기에는 부족합니다. 현실에서의 실험만이 조금씩 문제를 드러내고 조금씩 수정하고 고쳐 나간 후에야 운용할 수 있는 민주주의 제도가 나올 기회를 만들어 낼 수 있습니다. 프랑스도 실험을 했고, 미국도 실험을 했습니다. 프랑스의 실험은 명백한 실패였지만 다행스럽게도 미국의 실험은 진행 중이며 프랑스와 매우 다른 결과를 얻어 냈습니다.

민주주의는 역사적으로 토크빌의 책보다 앞서 존재했지만 토크빌이 책을 씀으로써 비로소 미국 역사의 토대에 자리를 잡았습니다. 다시 말해 민주주의가 인류의 보편적 경험이 되고 나아가 인류 정치의 미래가 된 것은 토크빌의 논술에서 비롯됐다고 할 수 있습니다. 토크빌은 많은 자료와 상세한 논증으로 미국에 인류의 가장 좋은 정치 모델이 나타났으며, 모든 사회에서 이 모델을 주목하고 귀감으로 삼을 가치가 있음을 사람들에게 알렸습니다.

미국에서 대통령의 권력과 국력은 정비례한다

어쩌면 수시로 특수와 보편, 역사적 사실과 추상적 이

론 사이를 오가면서 맑아진 시야 덕분인지 토크빌은 당시 미국 민주주의에 대해 이상할 정도로 정확하고 예리하게 이해하고 있었습니다. 이는 그가 미국 정치 발전에 대해 언급한 예언에 반영되어 있습니다.

1830년대에 토크빌은 행정권과 미국 대통령에 대해 언급했습니다. 법리의 배치상 미국 대통령에게는 아주 큰 권력의 여지가 있다고요. 당시에는 각 주 분권의 제한으로 미국 대통령의 현실적인 권력이 그다지 크지 않았습니다. 그러나 토크빌은 이론과 현실 사이에 차이가 있는 미국 대통령의 역할을 민감하게 간파해 냈습니다.

'President'(프레지던트)는 대통령으로 번역되는데, 모든 것을 총괄해 다스린다는 뜻입니다. 이는 이 단어의 의미가 나중에 추가되었음을 보여 줍니다. 당시 미국의 '프레지던트'는 이미 아주 큰 권력을 지니고 있었습니다. 18세기 혁명 시대에 미국에 나타난 연방의 프레지던트는 단어의 의미에서도 알 수 있듯이 '회의 의장'의 역할에 가까웠습니다. 주와 주 사이의 관계를 처리하거나 조정할 뿐 국가 권력이 집중되는 자리가 아니었습니다.

토크빌이 예민하게 간파해 낸 것은 미국 대통령의 가장 중요한 직무가 외교이며, 바로 이 외교 영역에 미국 대통령의 권력 확장 요소가 있다는 사실이었습니다. 외교는 개별 주가 홀로 처리할 수 없으므로 연방이 가장 분명하게 능력을 발휘할 수 있는 영역이었습니다. 만약 주에서 외교를 한다면 그것은 주가 아니라 나라입니다. 연방은 외교 업무를 총괄했고, 각 주와 연관된 외교 문제를 총괄해 처리했습니다.

19세기 초, 현실적으로 보면 미국 대통령은 할 일이 없었습니다. 이는 미국의 외교 업무가 무척 한정되어 있었기 때문입니다. 미국과 유럽은 큰 바다를 사이에 두고 있고 당시에는 과학 기술도 발달하지 않은 상황이라 소식이 전해지는 데 한참이 걸렸습니다. 미국 북쪽의 캐나다는 아직 건국 전이었고, 남쪽에 있는 중남미 대륙의 상황도 여전히 불투명했습니다. 현지 세력과 식민 모국인 스페인, 포르투갈이 장기간에 걸쳐 전쟁 중이어서 미국은 일정한 거리를 두고 관망하는 자세를 취하다 1830년대가 되어서야 중남미 대륙을 미국의 뒤뜰로 여기는 태도로 전환했습니다.•

• 캐나다에서는 1867년이 되어서야 뒤늦게 영국령 식민지 세 곳이 연방을 구성했다. 라틴아메리카 각지는 나폴레옹전쟁이 1815년에 끝난 후 스페인과 포르투갈의 식민 통치에서 잇따라 벗어났다. 1817년 제5대 미국 대통령이 된 제임스 먼로는 1823년 훗날「먼로 선언」이라 부르는 교서를 발표하는데, 그 내용은 다음과 같다.

"유럽 열강은 다시 아메리카에 식민지를 만들거나 아메리카 국가의 주권과 관련된 일에 개입해서는 안 된다. 유럽 열강 사이의 분쟁이나 그들과 아메리카 식민지 사이의 분쟁에서 미국은 중립을 유지한다. 관련 전쟁이 아메리카에서 발생한다면 미국은 이를 적대적인 행위로 간주할 것이다."

또 하나의 제한은 당시 미국이 땅은 넓지만 군사력은 작은 나라였다는 점입니다. 미국 헌법은 대통령을 연방군의 최고 원수로 규정했습니다. 19세기 초, 이 최고 원수가 얼마만큼의 군대를 거느렸을까요? 6,000명입니다. 타이완 육군의 일개 사단 규모입니다.

미국은 이웃에 강국이 없어서 상대적으로 안전했고 위협이 없었습니다. 자기 무력도 약했기 때문에 다른 나라에 개입하거나 간섭할 이유도 없었습니다. 자연스럽게 자기 한 몸만 잘 보살피면 되는 처지가 됐지요. 자기만 보살피면 되는 나라에 처리해야 할 외교 업무가 얼마나 됐겠습니까?

그래서 미국 대통령은 현실적으로 할 일이 없었습니다. 국내와 국외를 보는 가시거리도 짧았고 정치적으로도 주변부였습니다. 그러나 토크빌은 미국 대통령 권력의 크기가 미국의 국력과 정비례한다고 보았습니다. 미국은 지속적으로 성장할 조건을 갖추었고 유럽과 같은 오래된 국가보다 빨리 성장할 거라고 판단한 겁니다. 미국이 강대해질수록 국제 관계에 더 개입하고 간섭하게 될 테고 외교 업무도 늘어나겠지요. 그러면 미국 대통령도 그에 따라 중요해집니다. 방향을 바꾸어 보면, 미국 대통령이 된 사람이 더 많은 권력을 가지려고 마음먹었는데 눈앞에 수시로 매력적인 선

한 논평가는 「먼로 선언」을 일종의 고립주의라고 생각했지만 훗날 발전된 모습을 보면 「먼로 선언」은 거꾸로 미국이 라틴아메리카의 일에 간섭하는 외교 원칙이 됐다.

택지가 있다면, 그는 다른 아메리카 국가와의 관계 증진을 선택해 아메리카의 큰형님이 될 수 있습니다. 또한 그는 유럽의 일에 개입하고 이어서 유럽 국가는 물론이고 아시아, 아프리카와도 관계를 맺을 수 있습니다.

토크빌이 『미국의 민주주의』를 쓸 때, 미국은 아직 심정적으로 폐쇄적인 국가였습니다. 미국 사회는 외부 세계에 대해 강렬한 거부감, 심지어 두려움마저 가지고 있었습니다. 그러나 토크빌이 예언했듯이 그때부터 미국은 시간이 흐를수록 강대해졌으며, 이에 따라 미국 대통령의 권력도 점차 확장됐습니다. 20세기 중반에 이르러 제2차 세계대전이 끝나고 냉전 구도가 형성된 후 어떤 사람이 당선되든 미국 대통령은 전 세계에서 최고의 권력을 가진 두 사람 중 한 사람이 됐습니다. 전 세계적으로 그와 동등한 영향력을 가진 사람은 소련 총서기뿐이었습니다. 그마저도 소련이 무너지자 미국 대통령이 전 세계 유일무이한 최고 권력자가 됐습니다.

토크빌의 정확한 예언은 단순히 미국에 대한 연구와 이해에서만 나온 것이 아닙니다. 더 중요한 것은 비교할 줄 아는 그의 시각입니다. 그는 미국 행정권의 발전이 프랑스와 강렬한 대비를 이룬다고 봤습니다. 미국 연방의 행정권에는 외교가 최고의 기회였습니다. 그러나 프랑스 행정권에서 외교는 가장 고통스러운 도전에 불과했습니다.

프랑스는 외교 관계가 지나치게 복잡했습니다. 이웃 나라가 너무 많았고 그 나라들에서 발생한 일이 즉시 프랑스에 영향을 미쳤습니다. 그 밖에도 프랑스는 역사적으로 유럽 정치 문화의 중심이었기 때문에 난마처럼 얽힌 유럽의 일에서 안전거리를 확보할 수 없었습니다. 프랑스는 루이 14세의 광휘로 왕정과 왕권의 전범이 됐고, 장렬한 프랑스 대혁명을 겪었으므로 시민권의 대표로 여겨지기도 했습니다. 따라서 숙명적으로 유럽 어떤 곳이든 왕권과 시민권의 분쟁과 충돌이 생기면 쉽게 프랑스를 끌어들였지요.

프랑스 정부는 어떤 형태의 정부이든, 어떤 지도자가 이끄는 정부이든 외교 업무를 처리하다 보면 피곤에 지쳐 나가떨어질 수밖에 없었습니다. 외교에서 좋은 기회를 얻을 가능성은 기대하기 어려웠습니다. 외교를 처리하다 보면 안팎으로 별별 사건이 터지는 바람에 천인공노할 일이 생길 가능성이 높았습니다. 국가를 유지하기 위해서 프랑스는 유럽에서 대국의 지위를 잃어서는 안 됐습니다. 그러나 대국은 엄청난 외교적 압력을 감내해야 하고 그로 인해 정부가 무너지거나 지도자를 망치기도 쉬웠습니다. 이러한 관점에서 보면 프랑스의 행정권은 상대적으로 팽창하기가 어려웠습니다. 그저 비틀거리며 끊임없이 좌절을 겪을 뿐이었지요.

5

두 가지 자유를 구분하다

자유에는 두 가지 종류가 있습니다. 하나는 프랑스인의 전면적이고 보편적이며 무한정한 자연적 자유입니다. 이 자유는 공동체의 질서에 대한 고려가 부족해 대혁명 후의 피비린내 나는 혼란을 초래했습니다. 다른 하나는 미국인의 특정 권리 영역에서의 시민적 자유입니다. 이 자유는 청교도의 도덕적 기초 위에 세워져, 공공질서를 이뤄 냅니다.

정부와 자유 사이에 있는 큰 모순

프랑스에 대한 토크빌의 시각은 일정 정도 그가 미국을 바라보는 방식을 좌우했습니다. 『앙시앵 레짐과 프랑스 혁명』에서 토크빌은 프랑스 혁명이 완전히 상반되며, 서로 모순되는 두 가지를 추구하는 요소가 공존한다고 말합니다. 프랑스 대혁명은 한편에서는 거대한 힘으로 프랑스 사회에서 개인이 자유를 누리도록 촉진했지만, 다른 한편에서는 마찬가지로 거대한 힘이 프랑스 사회에서 권력의 집중을 촉진했습니다.

앙시앵 레짐(구체제)은 계급 사회로, 무엇보다 먼저 사람의 계급을 봅니다. 다른 계급에 속한 사람은 완전히 다른 사회적 대우를 받습니다. 심지어 완전히 다른 운명을 겪기도 합니다. 귀족, 하급 귀족, 몰락 귀족에 대한 대우도 국왕 루이 14세나 루이 16세와 천양지차입니다. 그러나 평민은 국왕과 크게 차이가 나는 하급 귀족, 몰락 귀족의 생활조차도 선망하면서 따라잡기를 바랍니다. 이러한 폐쇄적인 계급 제도는 무능력한 정부를 만드는 데 직접 영향을 미칩니다.

루이 16세의 정부는 세금도 거두지 못할 정도로 무능했습니다. 수세收稅는 국왕이 사치하고 화려한 생활을 할 수 있는 토대입니다. 그러나 국왕 아래 있는 관리 개개인이 귀족이다 보니 효율적으로 세금을 거두는 일마저 제대로 처리하지 않고 게을리했습니다. 그래서 정부는 징세인 제도를 두어 세금 거두는 일을 하청으로 처리했습니다. 정부는 각 구역마다 징수해야 할 세금 액수만을 정해 놓고 실제로 세금을 거두는 일은 징세인에게 위탁해 정해진 세금을 정부에 내도록 한 겁니다. 징세인이 어떤 방식으로 실제로 얼마나 세금을 거두는지는 정부가 일절 간여하지도, 잘잘못을 따져 묻지도 않았습니다.

이러한 하청 징세인이 사용한 방식이 얼마나 엉망이었을지는 충분히 상상할 수 있습니다. 이들은 개인의 이익을 도모하려고 갖은 방법으로 세금을 극대화했고, 민간에 만연한 징세인의 악독한 이미지와 그들에 대한 분노는 혁명이 일어날 때 중요한 도화선이 됐습니다.

계급 차별과 잔혹한 세금 착취는 손발을 꽁꽁 묶는 형틀처럼 목을 옥죄는 밧줄처럼 백성이 사는 게 죽느니만 못하다고 생각하게 했고 혁명에 온몸을 바치도록 만들었습니다. 자유로워지려면 형틀과 밧줄을 풀어야 했습니다. 이것이야말로 혁명이 제시한 필연적 요구였습니다.

혁명은 악독한 징세인의 폐단과 정부의 불가사의할 정도로 엄청난 무능에서 비롯됐지만 그러한 혁명의 열정 속에는 또 하나의 갈망, 곧 유능한 정부, 그럴듯한 정부에 대한 기대가 담겨 있었습니다. 이 갈망은 '자유, 평등, 박애'라는 혁명의 구호로 수용되지 않고 무시됐지만, 당시 현실에서는 자유, 평등, 박애와 똑같이 중요했습니다.

혁명의 충동, 집단적 열정이 격앙되는 와중에 사람들은 자유, 특히 고도의 개인적 자유와 유능한 정부라는 이 두 가지 요소가 기본적으로 모순된다는 사실을 냉정하게 간과하지 못했습니다. 유능한 정부는 먼저 공공질서를 만들어내야 하고, 이는 필연적으로 개인 행위를 구속함으로써 개인 행위가 집단이 추구하는 목표에 합치되도록 요구합니다.

집단에 유리한 일이 반드시 개인에게도 유리하리라는 법은 없고, 개인의 자유를 제한하지 않으면 효과적으로 집단의 이익을 창출할 수 없습니다.

혁명 중이었던 사람들은 이런 점들을 고려하지 못했고, 이는 혁명 후 피비린내 나는 혼란의 근원이 됩니다. 우리는 모두 자유를 원하지만 공공질서가 없다면 정부는 아무런 일도 할 수 없습니다. 혁명은 아무런 일도 할 수 없는 정부를 만들어 내고 사람들은 필연적으로 그 정부를 뒤집어엎습니다. 무능한 정부를 뒤집어엎으면 또 다른 무능한 정부를 불러올 수밖에 없습니다. 그래서 피비린내 나는 혼란한 국면이 조성되고 다른 사람을 단두대에 올린 사람 자신도 훗날에는 단두대에 올려집니다. 그들은 정부를 뒤집어엎기 전에는 열정적이고 유능한 혁명가였습니다. 그러나 일단 권력을 장악하면 그들은 부패하고 무능해져 백성에게 타도되어야 할 적이 되고 맙니다.

나폴레옹, 개인의 자유를 국가주의로 대체하다

프랑스 대혁명의 첫 번째 대혼란은 나폴레옹이 수습했습니다. 나폴레옹은 무엇으로 사태를 수습했을까요? 원래 자신이 약속한 자유에서 벗어남으로써 그렇게 했습니다. 그는 혁명의 성과를 이어받았지만 실질적으로 혁명 구호의 정의를 바꿨습니다. 개인의 자유를 국가의 자유로 바꾼 겁니다. 그는 수많은 프랑스인 개인의 자유를 제거하고 집중된 전제 권력을 가진 정부를 세움으로써 자신의 지위를 '황제'로 높였습니다.

나폴레옹은 영락없는 집권자로 온갖 권력을 자기 수중에 집중시키는 데 성공했습니다. 그의 손아귀에 모인 권력이 커질수록 프랑스인의 자유는 그만큼 줄어들었습니다. 그가 권력을 모으고 개인의 자유를 제거한 수단은 프랑스 국가주의였고, 군사적 승리의 영광이었습니다. 다시 말해 국제 사회에서 높아진 프랑스의 지위를 활용해 다른 유럽 국가들로부터 획득한 행동의 자유를 원래 혁명이 약속했으나 프랑스 국민이 포기한 개인의 자유와 맞바꿨던 것입니다.

또 한 가지 요인이 있습니다. 나폴레옹의 출신 배경입니다. 나폴레옹보다 프랑스 지도자가 될 자격이 없는 사람은 거의 찾아보기 힘듭니다. 그는 코르시카 섬에서 태어났고 부모는 귀족 혈통이었지만 유감스럽게도 그것마저 프랑스가 아닌 이탈리아의 귀족 혈통이었습니다.●

나폴레옹이 프랑스 본토에서 군사학교를 다닐 때는 프랑스어도 제대로 하지 못했습니다. 그는 포병 훈련을 받았는데, 키가 작아 부대에서 늘 조롱거리가 됐습니다. 이런 사람이 어떻게 프랑스의 지도자가 됐을까요?

그가 군인으로서 승승장구했던 이유는 혁명 전의 구체제가 아닌 혁명 이후의 시대, 사람들이 계급의 족쇄에서 벗어나 세운 새롭고 자유로운 사회에서 살았기 때문입니다. 나폴레옹의 불가사의한 성공은 혁명을 통해 얻은 자유의 구체적 상징이 됐습니다. 사람들은 나폴레옹에게서 또 하나의 왕, 또 하나의 높은 권력자를 본 게 아니라 자신과 출신 배경이 다를 것 없는, 심지어 자신보다도 볼품없는 젊은이가 자유에 의존해 자기 자신을 창조한 모습을 보았습니다.

그는 자유의 화신으로 대중의 신임을 얻었고 상황을 수습할 권력도 얻었습니다. 그의 권력은 황제 자리에 오를 만큼 커졌습니다. 황제가 된 그는 줄곧 권력을 쥘 수 있었고,

●나폴레옹은 1769년 8월 15일에 태어났다. 그 얼마 전인 1764년에 제노바가 코르시카 섬을 프랑스에 팔자 토스카나의 소귀족 출신인 보나파르트 가문도 이때부터 프랑스인이 됐다. **152**

다른 사람에게 권력을 내줄 필요도 느끼지 못했습니다. 사실상 그런 상황에서 권력을 위탁하거나 권력을 분산할 제도나 기구가 없었으므로 그가 주려고 했어도 받을 사람이 없었을 겁니다.

나폴레옹은 자유로운 개인과 강력한 정부라는, 모순되는 두 가지 문제를 잠시 해결했습니다. 그러나 그것은 나폴레옹이 끊임없이 승리하고 프랑스가 부단히 대외로 확장한다는 전제 아래 가능했습니다. 나폴레옹이 이끈 대외 확장이 좌절되자 결국 근본적인 모순이 프랑스에서 다시 떠올랐습니다. 나폴레옹이 실각한 후 프랑스는 또다시 동일한 혼란 속으로 빠져들었습니다.

이는 토크빌의 관점입니다. 자유와 권력 집중을 동시에 추구하는 모순 때문에 프랑스 혁명은 실패할 수밖에 없는 운명이었고 나폴레옹이 엄청나게 노력했음에도 실패할 운명이었습니다. 이는 혁명의 실패를 더욱 눈에 띄게 하고 극적이게 하는 효과를 불러왔습니다.

두 가지 자유: 자연적 자유와 시민적 자유

프랑스 대혁명이 실패할 운명이었다면, 거의 동시에 발생했고 늘 함께 거론되는 미국 독립 혁명은 어땠을까요? 미국 독립 혁명은 왜 성공했을까요? 미국 독립 혁명의 기원 역시 북미 식민지 사람들이 모국인 영국의 불평등한 대우를 견디지 못하고 영국에서 해방되기를 바랐기 때문, 그러니까 그들 또한 자유를 추구하는 혁명을 한 것이 아닌가요? 어째서 프랑스 대혁명과는 완전히 다른 결과를 얻게 되었을까요?

토크빌은 자유를 두 가지로 나누어 이 문제에 답합니다. 하나는 자연적 자유natural liberty, 다른 하나는 시민적 자유civil liberty 또는 공민적 자유입니다.

프랑스 대혁명에서 발생한 모순과 충돌이 대단히 컸던 까닭에 프랑스인은 그들의 구호 중 자유를 자연적 자유, 곧 구속받지 않고 자기 멋대로 하는 자유로 이해했습니다. 그들은 혁명 전의 사회에서 수많은 불합리한 제한과 압박을 받았고, 혁명으로 이 제한과 압박을 깨부쉈으므로 그 결과 모두가 하고 싶은 대로 하면서 살 수 있게 됐다고 생각했습니다.

　그러나 토크빌은 미국은 자유로운 국가이지만 미국인이 자기 국가에서 누리는 자유는 결코 자연적 자유가 아니라고 강조했습니다. 미국인의 자유는 처음부터 영국인에게서 쟁취한 것, 곧 시민적 자유, 공민적 자유라고 본 것입니다. 미국 독립 혁명의 도화선은 프랑스와 마찬가지로 세금을 거두는 문제에서 촉발됐습니다. 하지만 미국인의 구호는 "우리의 대표가 없으면 세금도 없다!"였습니다. 그들은 영국 의회에서 대표 의석을 얻고자 했습니다. 합법적 대표를 통해 식민지 세법을 제정해야 한다고 본 겁니다. 자신들의 대표가 없는 상황에서 영국인이 일방적으로 정한 대로 납세할 수는 없다고 판단한 거지요.

　더 분명하게 얘기하면 미국 독립 혁명의 기원은 식민지 백성이 모국 영국 시민과 동등한 권리를 가지겠다고 요구한 겁니다. 그들은 임의로 조종당하거나 자기 재산을 침범당하지 않는 기본적 자유를 원했습니다. 이러한 자유는 시민적 자유이며, 특정한 권리 영역에서의 자유이지 프랑스인이 생각한 전면적이고 보편적이며 무한정의 자유가 아닙니다.

　그렇다면 왜 미국인은 프랑스인과 같은 자연적 자유가

아닌 제한된 시민적 자유를 추구했을까요? '자연적 자유'에 '자연'이란 말이 붙은 이유는 그것이 비교적 이해하기 쉽고 사람들이 자연스럽게 자유를 떠올리기 때문이 아닐까요?

이 문제에 관해 토크빌은 미국 독립 혁명 기간에 활동한 한 선교사의 글을 인용합니다.

"우리는 영국으로부터 어떠한 자유를 원하는가? 예수 그리스도가 우리에게 준 것과 같은 자유다."

예수 그리스도가 나온 걸 보면 이 말이 미국의 특수한 청교도 전통과 관련되어 있음을 알 수 있습니다.

예수 그리스도가 우리에게 준 자유가 무엇일까요? 이 말을 어떻게 해석해야 할까요?

이 말은 청교도 전통을 들여다봐야만 정확하게 이해할 수 있습니다. 청교도는 예수가 인간을 매여 있던 족쇄에서 풀어 줬다고 믿습니다. 예수는 인간에게 특수한 자유를 줬습니다. 그 자유는 물론 하고 싶은 대로 멋대로 하게 하거나 금지된 과일을 먹고 타락하도록 하는 자유가 아닙니다. 예수가 인간에게 준 자유는 인간을 구원함으로써 전에 없던 길을 열어 준 것입니다. 예수가 강림하기 전에 원죄를 짓고 에덴동산에서 쫓겨난 사람은 신과 관계가 단절됐고 그와 더불어 구원의 희망도 사라졌습니다. 예수는 죄 없이 고난을 받음으로써 인간에게 새롭게 구원받을 수 있는 기회를 줬습니다.

예수가 제공한 자유는 사람이 회개하고 구원을 추구할 수 있는 자유입니다. 이러한 자유는 기독교 신학의 해석에 따르면 예수가 강림하기 전에는 없었습니다.

인간은 이 자유를 어떻게 이용해야 할까요? 일반적인 개념에서 자기가 하고 싶은 대로 하는 자유와는 철저하게 상반됩니다. 이 자유는 말하자면 유혹에 대항하고 음란을 피하며 깨끗한 마음으로 죄를 뉘우치는 자유입니다. 자제를 선택하고 생활에서 여러 가지를 누리기를 포기하며 자유롭게 스스로 구원의 길로 가기를 선택하는 일입니다.

미국인의 자유는 이러한 종교적 자유와 밀접한 관련이 있으며, 제멋대로 방탕하게 행동하는 자유와는 상대적으로 거리가 멉니다.

청교도 도덕의 기초 위에 세운 시민적 자유

프랑스 대혁명은 진정한 대혁명입니다. 왜냐하면 혁명

의 대상이 전면적이고 철저했기 때문입니다. 혁명 전의 사회 도덕은 혁명이 제거해야 하는 대상이기도 했습니다. 이 사회 도덕은 고도의 계급성, 제한성, 폐쇄성을 지녔으므로 당연하게도 혁명 정신과 부합하기 어려웠습니다. 기존의 도덕이 왕권과 함께 제거되자 도덕규범이 없어진 사회에서는 자연적인 자유를 조장하기가 무척 쉬웠습니다.

미국의 독립전쟁은 혁명이라 불리지만 성질이나 규모에서는 프랑스 대혁명과 함께 논할 수 없습니다. 영국에 정치적 자유를 요구할 때 북미 식민지, 특히 뉴잉글랜드 지역은 이미 종교를 기초로 하는 사회 도덕을 세운 뒤였고, 그들은 이 사회 도덕을 뒤집어엎을 생각이 없었을뿐더러 이 사회 도덕으로 혁명 세력을 결집해 영국에 대항하려고 했습니다.

토크빌은 책에서 숱한 문장을 인용해 당시 북미 식민지 청교도가 극도로 엄격한 법률을 제정해서 자신들의 사회를 관리했음을 독자에게 명확하게 알려 줍니다. 토크빌은 분명하게 말합니다.

"인류가 제정한 법률 가운데 이토록 사형이 많은 경우는 본 적이 없다."

간통하면 사형, 신을 욕보이거나 욕보이는 말을 해도

사형, 윤리를 파괴하는 일을 해도 사형……. 이제까지 이토록 스스로를 엄격하게 대한 집단은 없었습니다. 마치 주인이 종이나 노예를 관리하는 것 같은 규범 아닙니까?

이는 진정 청교도의 자기 규범이었습니다. 조금만 잘못해도 그토록 엄혹한 징벌이 규정된 청교도 집단에 사형이 자주 나왔을까요? 그렇지 않습니다. 이 사회는 사형이 가장 많은 사회였지만 사형을 당하는 사람이 가장 적은 사회이기도 했습니다. 법률을 그토록 엄하게 만든 것은 이 집단에 속한 사람들이 이미 자기 기율을 내면화했기 때문입니다. 그들은 우리가 사소하게 생각하는 일도 무척 심각하고 엄중하게 여겼기 때문에 거의 잘못을 저지르지 않았습니다. 거꾸로 보면 그토록 엄한 법률이 있어서 이 집단의 사람들을 구체적으로 일깨워, 스스로 더 삼가며 단속해 규범을 어기지 않도록 했겠지요.

북미의 청교도는 동질성이 매우 높은 집단이었습니다. '사람이 사람인 까닭', '우리가 왜 이렇게 사는가'라는 근본적 질문에 대해 그들은 서로 유사한 답을 가지고 있었고, 이 답은 신앙의 형식으로 그들의 내면에 깊숙이 박혀 있어서 쉽게 흔들리지 않았습니다. 다시 말해 그들은 명확한 도덕의식을 내면에 가지고 있었고 그 내재하는 도덕률에 따랐는

데, 그렇게 내재하는 도덕률은 외재하는 계율이나 법률보다 더 엄격했습니다.

토크빌은 이처럼 획득하기 어렵고 중요한 기초 조건 덕분에 미국인이 개인이 자연적 자유를 신장시키려 할 때 발생하는 혼란으로 떨어지지 않는다고 보았습니다. 미국인의 입에서 '자유'라는 말이 나올 때 그들이 머릿속으로 떠올리는 것은 자기 멋대로 하는 자연적인 자유가 아니라 엄격한 도덕의식의 제한과 관리를 받는 자유였습니다. 원래 종교에서 '구원을 추구하는 자유'가 후에 환골탈태해 '시민적 자유'가 된 거지요.

또한 청교도가 가진 높은 동질성은 미국에서 아래에서 위로 올라가는 권력 구조가 가능하도록 촉진했습니다. 토크빌이 묘사한 미국의 민주주의는 처음에는 작은 타운과 타운 집회로 시작됐습니다.

뉴잉글랜드 지역에는 주민 수가 2,000명이 넘지 않는 타운이 흩어져 있었고, 타운은 타운 집회를 중심으로 꾸려졌습니다. 타운 집회는 일종의 직접 민주주의 형식이었습니다. 북미의 타운 집회는 대표가 참석해 회의를 하는 게 아니라 타운 주민이 모두 참석해 토론하고 결정했습니다.

타운 집회에서 주민은 '셀렉트먼'selectmen을 선출했는데, 이 단어는 번역하기가 쉽지 않습니다. 타운 대표로는 번역할 수 없습니다. 왜냐하면 회의의 대표가 아니기 때문입니다. 행정위원이라는 번역도 옳지 않습니다. 셀렉트먼은 타운 사무소의 직원도 아니니까요.

셀렉트먼의 가장 큰 특징은 여러 역할을 하는 대표라는 점에 있는데, 더 정확하게 말하면 그들의 직무나 역할이 분화되지 않는다는 점입니다. 그들은 행정, 입법, 사법 각 분야의 권력과 책임을 동시에 지녔습니다. 타운 구성원에 대해서 셀렉트먼은 모두의 이익을 대표해 총괄적으로 타운의 복지를 조성하고 보호할 책임을 졌습니다.

비교적 큰 지역 차원에서는 행정, 입법, 사법 분야가 따로 있지만 타운 차원에서는 셀렉트먼이 모든 것을 처리했습니다. 셀렉트먼은 원주민 촌락의 수장이나 인디언 추장과 유사해서 선거로 뽑지만 세습은 아니었습니다. 나는 셀렉트먼을 공공사무위원으로 옮기자고 제안합니다. 공공성을 띤 사무가 모두 그들의 관할권 내에 있기 때문입니다.

그들은 타운 집회를 열고 선거 사무를 배치하고 치안을 관할하고 필요할 때는 민병을 조직해 타운을 보호했습니다. 이렇게 모든 일을 다 아우르는 공공사무위원은 타운 주민이 직접 선출했고 다른 권위가 개입할 수 없었으며 상급 정부에서 파견할 수도 없었습니다.

동질성이 타운 집회의 직접 민주주의를 만들다

청교도의 높은 동질성과 그들 배후의 강렬하고 완고한 사회 도덕이 없었다면 직접 민주주의는 그렇게 쉽게 세워질 수 없었을 겁니다.

명확하게 대비할 수 있는 경우로는 고대 그리스의 폴리스 정치를 떠올리면 됩니다. 역사상 직접 민주주의를 실시한 유일한 사례니까요. 아테네 같은 폴리스는 처음 막 시작했을 때 내부의 높은 동질성에 기대고 있었습니다. 그래서 직접 민주주의를 실시할 수 있었고, 이를 통해 모든 시민이 정치적 결정에 참여했습니다. 그런데 아테네의 민주주의는 어떻게 망가지기 시작했을까요?

적어도 한 가지 이유는 소크라테스 같은 '철학자'가 나타났기 때문입니다. 소크라테스는 철학자로, 고대 그리스인이 원래 철학자가 가리키던 뜻은 애지자愛智者, 곧 '지혜를 사랑하는 사람'입니다. 소크라테스와 동시대에 다른 부류의 사람도 있었는데, 소피스트라 불렸습니다. 글자 뜻만으로 보면 '지혜를 가진 자' 또는 '지혜를 운용하는 자'라는 의미입니다. 그러나 아테네에서 소피스트라는 칭호는 칭찬이 아니었습니다. 명백하게 얕잡아 본다는 의미가 담겨 있었고 굳이 비교하자면 오늘날의 '궤변가'에 가까웠습니다.

사실상 당시의 수많은 아테네 시민은 소크라테스도 소피스트로 보았습니다. 기원전 399년 소크라테스는 아테네에서 재판을 받고, 결국 진리를 어지럽히고 청년들을 타락시켰다는 죄목으로 사형에 처해집니다. 일부 아테네 시민은 왜 그토록 그를 적대시했을까요? 그가 아테네 시민, 특히 젊은이에게 확고부동한 진리로 여겨지는 일을 의심하라고 독려했기 때문입니다. 그는 끊임없이 추궁해 묻는 사고 방식을 제창했습니다. 그와 소피스트 사이에는 비슷한 점이 있었습니다. 그들은 모두 과거의 습관화한 집단 인식을 어지럽히고 아테네가 가지고 있던 동질성의 기초를 파괴했습니다.

소크라테스는 모든 사람에게 자기 자신을 알고 자신이 믿을 수 있는 진리를 파악하라고 독려했습니다. 소피스트는 웅변과 궤변으로 사람들이 무엇을 믿어야 할지 헷갈리게 했습니다. 사람들이 가치관에 확신을 갖지 않거나 각자 다른 가치관을 가지게 된다면 사회는 다원화될 겁니다. 사람들이 제각각 다른 신념을 지니게 되면 직접 민주주의는 실행되기 어려워집니다. 그토록 많은 시민이 함께 모여서 회의를 하는데 각자 자기 의견을 낸다면 어떻게 의견 일치를 얻고 결론을 도출하겠습니까?

그 밖에 아테네의 민주 제도를 파괴한 주요 인물은 소크라테스의 제자인 플라톤이었습니다. 플라톤은 인류 역사상 가장 초기의 정치학 저서라 할 만한 책 『국가』를 썼습니다. 중국어 제목은 초기에 『공화국』共和國으로 옮겼다가 훗날 대개 『이상국』理想國으로 바뀌었습니다.

『공화국』으로 옮기지 않은 것은 플라톤의 의도가 아테네라는 공화 정치의 기초를 제거하고 체제를 다시 세우되, 우리가 알고 있는 '공화국' 개념과는 거리가 먼 제도로 바꾸려고 했기 때문입니다. 그는 직접 민주주의를 대체해 그와 철저하게 상반되는 집권 체제를 만들려고 했고, 그것을 '철인 통치'라 했습니다.

플라톤은 정치권력을 철인왕philosopher king에게 주어서 가장 지혜로운 자가 통치하게 해야 한다고 주장했습니다. 총명하고 지혜로운 자가 총명하고 지혜로운 결정을 내려서 총명하지도 지혜롭지도 않은 다른 자들을 다스림으로써 절대적으로 지혜로운 질서를 형성하면 이상적인 정치가 이뤄지는 나라를 만들 수 있다고 봤습니다.

철인왕의 개념은 동질화된 사회에서나 가능하지, 모두가 자기 의견을 가지고 다투는 사회에서는 불가능했습니다. 직접 민주주의는 의견이 분분한 상황의 산물로 변질됐습니다. 모두의 의견이 달랐으므로 누구의 의견이 옳은지 판정하고 수준이 떨어지는 의견은 배제할 방법을 찾아야 했습니다. 이러한 요구가 극단으로 치닫자 '철인 통치'를 구상하게 된 겁니다.

아테네와 비교하면 토크빌의 생각을 더 정확하게 파악할 수 있습니다. 북미 식민지의 사람과 유럽인이 똑같이 복잡하고 다원화하여 어떤 이는 기독교를 믿고, 어떤 이는 선지자 무함마드를 믿고, 어떤 이는 로마 가톨릭교회에 속하고, 어떤 이는 루터 교회에 속하는 걸 반대한다면 간단하고 소박한 직접 민주 제도를 실시하기가 어려워집니다. 공공사무를 처리할 때의 기본 전제, 곧 모두가 의견 일치를 이루고 셀렉트먼(공공사무위원)을 신뢰한다는 토대가 형성되지 않으면 이러한 정치 제도는 시행할 수 없습니다.

청교도는 동질성이 높고 상대적으로 소박했습니다. 또한 그들 사이에는 소크라테스도 소피스트도 없었고, 수많은 질문과 논쟁도 없었습니다. 따라서 자연스럽게 타운 집회가 직접 민주주의로 발전한 겁니다.

대혁명은 결코 시민을 낳지 않았다

타운 집회를 통한 직접 민주주의는 지역 공공 정신을 낳았습니다. 이는 미국 민주주의의 또 하나의 토대입니다.

여기에서 관건은 '지역'입니다. 공공사무에 대한 관심은 사람들을 행복하게 해 주겠다는 추상적인 이상에서 결코 나오지 않습니다. 마음속에 실천하고자 하는 정치 원리원칙과 이념이 있기 때문도 아니고, 완수하라고 위에서 규정한 책임 때문도 아닙니다. 공공사무에 관심을 갖는 것은 자신의 이익을 보호하고 쟁취하기 위한 것입니다. 직접 민주주의라는 통로가 있으면 사람들은 자연스럽게 공공사무를 계획하고 집행하는 방식에 참여하고 생각을 보탤 수 있고, 공공사무에서 자신이 희생하거나 피해를 입지 않는지 관심을 갖게 됩니다.

직접 민주주의 아래에서 이렇게 제정한 공공사무 처리

법은 대체로 상식적인 수준을 벗어나지 않습니다. 직접 민주주의에서는 알게 모르게 일부 구성원에게 피해를 끼치는 방법이 나오지 않습니다. 왜냐하면 모든 구성원이 반대 의견을 밝히고 항의할 권리가 있기 때문입니다.

직접 민주주의 시스템에서 자신의 이익을 보호받고 돌봄을 받은 경험은 모든 개인에게 지역 공공 정신을 길러 줍니다. 공공 영역에서 자신의 이익을 실현할 수 있다는 점은 개인이 공공사무에 관심을 갖게 되는 가장 강력한 동기입니다.

토크빌은 프랑스인이 이러한 공공 정신을 훈련받지 못했다고 지적합니다. 공공 정신은 시민citizens의 기본 조건입니다. 미국은 시민이 국가를 이루지만 프랑스에는 시민이 없고 속민subjects만이 있을 뿐입니다. 시민은 공공사무를 자신의 일로 여기지만 속민은 공공사무를 윗사람의 일로, 자신을 관리하는 사람의 일로 생각합니다. 이것은 간단하지만 중대한 차이입니다.

시민에 대해 토론할 때 '시민'이라는 말은 특수한 프랑스적 의미 때문에 종종 프랑스 독자의 민감한 신경을 건드립니다. 시민은 대혁명의 키워드입니다. 대혁명에서 계급 차별을 깨뜨리고 평등이라는 구호를 실현하기 위해 가장 먼저 쓰인 가장 간단한 방법은 직함과 존칭을 제거하는 것이었습니다. 선생, 아가씨 같은 호칭은 구사회에서 분명히 위아래를 구별하는 뜻을 지니므로 모두 제거해야 했습니다. 직함이 모두 없어지면 사람들은 서로 어떻게 불러야 할까요? 얼굴을 보고 어떻게 인사를 건네야 할까요?

'시민'이라고 부릅니다. 이 시민, 장 시민, 시민 위고, 시민 토크빌……. 대혁명을 배경으로 하는 소설, 예컨대 『레미제라블』이나 『두 도시 이야기』에는 꼭 이런 호칭이 나옵니다. 시민은 계급 차별이 없는 평등한 사회의 이상을 대표합니다. 일정한 기간 내에 시민이라는 단어는 강렬한 이상적 색채를 띠고, 대혁명이 만들어 낸 미래 사회를 상징했습니다.

1989년은 프랑스 대혁명 200주년이 되는 해로, 수많은 관련서가 출간됐습니다. 그중 영어권에서 가장 유명한 베스트셀러는 하버드대학 교수인 영국 학자 사이먼 샤마Simon Schama가 쓴 대혁명의 역사입니다. 그가 쓴 책 제목은 한 단어뿐입니다. 『시민』Citizens. 정말 잘 골랐지요. 이보다 더 정확하게 프랑스 대혁명의 이상과 저항을 표현한 단어는 없습니다. 이 책은 시민들이 어떻게 피비린내 나는 동란을 겪으면서 기존의 구사회를 대체하는 시민 사회를 세우려 했는지를 다뤘습니다.

토크빌은 프랑스 독자들에게 미국의 민주주의를 설명하면서 자극적인 방식을 선택합니다.

"대혁명 이래로 프랑스인은 줄곧 시민을 소리 높여 외쳤다. 심지어 입으로는 모든 사람을 시민이라고 불렀다. 시민 말고는 다른 존재가 아무것도 없는 것 같았다. 그러나 이러한 '온 거리를 가득 채운 시민'의 사회는 사실 말로만 시민이었을 뿐이다. 프랑스인은 그토록 시민을 떠들썩하게 외쳐 댔지만 모두 뼛속은 여전히 속민이었다. 진정한 시민이 될 수 없어서 시민을 입에 달고 살았는지도 모른다."

토크빌은 냉정한 어조로 프랑스 사회를 반세기 가까이 격동시킨 주제로 강의합니다. 그는 마음속 깊숙이 담아 두었던 이야기를 꺼냅니다. 그가 프랑스 독자에게 말하고자 한 것은, 그토록 두려운 대혁명이라는 동란이 일어날 수 있었던 건 프랑스에 시민이 없었기 때문이라는 겁니다. 그토록 오래도록 대혁명이라는 동란을 겪었음에도 프랑스는 여전히 시민의 기초를 세우지 못했습니다. 상대적으로 특수한 환경과 조건이 맞물렸던 미국에서는 이 기초가 아주 자연스럽게 생겨났습니다. 타운 집회라는 기초가 있었기에 지역 공공 정신이 생겨났고 시민이 생겨났으며 시민적 자유를 실현할 수 있었습니다.

자립적인 타운이 실현한 지역 공공 정신

미국의 공공 정신은 지역적이고 구성원 개개인에게 이익이 되는 성격이 있습니다. 바로 이러한 지역 공공 정신은 미국 정치에서 아래에서 위로 올라오는 원칙을 일관되게 보장합니다.

토크빌은 책에서 미국 정치의 근본이 고도의 독립성을 갖춘 타운 그리고 마찬가지로 고도의 독립성을 가진 주라고 해석합니다. 타운과 주 사이에는 '카운티'county라는 단위가 있습니다. 예컨대 나는 미국에서 유학할 때 매사추세츠주의 케임브리지에 살았는데, 케임브리지는 미들섹스 카운티에 속합니다.

겉으로 보면 이는 타이완성臺灣省 타이중현臺中縣 허우리진后里鎭 같은 위계식 행정 구역 같습니다. 그러나 사실은 그렇지 않습니다. 미국에서 '카운티'는 행정 단위가 아니라 사법 단위입니다. 각 타운에는 독립적인 행정 업무 관리 시스템이 있지만 사법 업무가 발생했을 때는 타운이라는 단위가 너무 작아서 보통 사법 업무를 처리할 여지가 별로 없습니다. 그래서 법원, 감옥과 같은 몇 개 타운의 사법 업무를 함께 모아 카운티라는 단위에서 운영하는 겁니다. 타운마다 법원, 감옥 같은 시설을 설치할 수는 없습니다. 경제적이지도 않고 현실적으로 적절하지 않습니다. 그래서 카운티라는 단계를 만들어 낸 겁니다.

토크빌은 이것을 아주 잘 알고 있었습니다. 원래 감옥 행정을 조사한다는 목적으로 미국에 갔기 때문입니다. 감옥 행정 또한 카운티의 관할이었거든요. 그는 보통 미국인의 일상생활에서 카운티가 아주 한정된 의미밖에 없음을 꿰고 있었습니다. 미국인은 타인과 계약을 맺거나 사법 업무가 발생했을 때 또는 법을 어겼을 때만 카운티에 속한 법원에 가서 처리를 합니다.

카운티의 성격을 설명하려면 미국 정치에 대해 가지고 있던 잘못된 예상을 바로잡아야 합니다. 타이완의 행정 구조로 보면 미국 정치 구조를 '연방-주-카운티-타운'의 네 단계로 쉽게 도식화할 수 있습니다. 하지만 그렇지 않습니다. 가장 초기의 미국의 정치 구조는 '주-타운' 두 위계의 독립 단위를 핵심으로 설계됐습니다. 연방은 주 위에서 각 주와 협조하는 관계이고, 카운티는 부근 타운들의 사법 업무를 총괄합니다. 각 단위는 예속된 관계가 아닙니다.

연방 대통령은 주지사에게 지시를 할 수 없고 연방 의회는 어떤 주를 대신해서도 주의 법을 제정할 수 없습니다. 주지사는 타운의 공공사무위원에게 지시할 수 없고 카운티는 더더욱 타운의 행정 업무와 아무런 관계가 없습니다. 처음부터 타운의 행정은 시민이 선출한 공공사무위원이 책임지고 처리합니다. 타운에는 심지어 대표도 없습니다. 모든 타운은 자주적이고 독립적인 단위로서, 주에는 주 의회가 있어서 각 타운의 법률과 규범을 제정합니다. 그러나 주의 법규 범위 밖에서는 타운이 직접 민주주의로 운영되는 타운 집회를 통해 자신의 처리 방법을 결정합니다. 주는 여러 타운을 대표하고, 연방 내의 다른 각 주와 관련을 맺기도 하지만, 주 정부는 여전히 임의로 타운의 독립권을 간섭하거나 침범할 수 없습니다.

이것이 토크빌이 19세기에 본 미국의 상황입니다. 그이후로 미국 정치에는 여러 가지 변동이 생겼습니다. 그러나 이러한 구조, 특히 구조에 깔린 설계의 정신은 줄곧 보존되었습니다. 미국 정치의 실체는 자립적인 단위로서의 수천 개, 수만 개의 타운이며 대부분의 권력은 이러한 위계로 배치됐습니다.

공공 정신이 집중적이고 효과적인 정부를 이룬다

토크빌은 독자들에게 미국 정치 구조를 파악할 수 있는 안목을 제공한 후 오해의 함정을 피해야 한다고 조심스럽게 말합니다. 바로 미국 정치에 효율과 효능이 부족하다고 여겨서는 안 된다는 것이지요.

어떤 측면에서 미국은 행정이 분산된 것으로 보이지만 다른 측면에서는 프랑스보다 더 집중된 정부의 모습을 보여 준다고, 토크빌은 프랑스 독자들에게 그렇게 말합니다.

이것이 무슨 의미일까요? 첫 번째는 프랑스인의 고정된 인식을 깨뜨리려는 겁니다. 느슨한 정부라야 분산되고 세세한 행정이 가능합니다. 프랑스 왕 루이 14세의 명언이 있지요. "짐이 곧 국가다." 국가의 모든 권력이 국왕 한 사람에게 집중되어 있다는 말입니다. 루이 14세의 정부는 인류 역사상 가장 권력이 집중된 정부입니다. 그러나 루이 14세 정부의 행정이 통일되고 집중됐을까요? 물론 아닙니다.

이 정부는 심지어 세금을 걷는 기본 업무마저도 통합 처리하지 못했고, 분산되고 혼란스러운 하청 징세 제도를 시행했습니다.

이는 권력이 집중된 정부에서 올바른 방식으로 집중된 시스템을 형성하지 못했음을 보여 줍니다. 미국의 행정은 겉으로는 산만해 보이지만 시민들이 그 산만함 속에서 공공사무에 직접 참여하면서 공공 정신을 이끌어 냅니다. 지역 사무에 대한 관심에서 싹튼 이러한 공공 정신은 지역 차원에 머물지 않고 자연스럽게 점점 더 광범위한 공공사무에 대한 관심으로 확대됩니다.

미국 정부는 공공 정신으로 만들어졌습니다. 이러한 미국 시민의 국가에 대한 인식, 권력에 대한 관점, 정부에 대한 개념, 공공사무 운영에 대한 이해는 높은 일치성을 띠게 됐고, 이렇게 집중된 정부가 됐습니다.

토크빌은 독자에게 이렇게 강조합니다.

"미국은 기묘한 나라다. 그 국민은 유럽 국가가 미처 보지 못한 고도의 애국심을 지녔다. 이는 미국 발전의 주요 원동력이다. 유럽에서 국가와 국왕, 정부는 반드시 위에서 아래로 평민을 동원한다."

설령 프랑스 왕 루이 14세처럼 엄청난 권력을 지닌 '태양왕'도 평민을 동원할 때는 종교의 협조를 얻어야 했습니다. 유럽 국가의 군주와 교회의 관계가 오랫동안 긴장 상태를 형성하고 늘 충돌한 가장 큰 원인은 군주가 교회에 기대어 평민을 동원하면서도, 교회가 평민을 동원해 군주에게 반대할까 봐 걱정했기 때문입니다.

18세기부터 인심을 파악하는 종교, 교회의 수준이 눈에 띄게 낮아집니다. 이는 유럽 군주가 평민을 통제하는 데도 영향을 미칩니다. 많은 경우에 군주는 종교에 호소했고 사람들의 교회에 대한, 신에 대한 신앙에 호소함으로써 자신의 통제와 동원에 협조하도록 했습니다. 종교가 더 이상 평민을 통제하고 동원하는 힘을 잃자 군주의 지위와 능력도 아울러 추락할 수밖에 없었습니다.

미국의 애국주의 배후에도 종교의 영향은 있습니다. 그러나 그 애국주의에는 더 깊고 강력한 근거가 있는데, 바로 공공사무에 대한 평민의 보편적인 관심입니다. 이러한 공공 정신은 종교나 교회의 힘의 성쇠에 관계없이 미국의 애국주의를 시종일관 안정되게 보장했습니다.

미국에 민주 제도가 출현하도록 도운 또 하나의 조건은 교육을 중시한 청교도의 성향입니다. 그들과 종교 신앙은 여전히 긴밀한 관계였고 청교도는 '무지'가 사탄에게 이르는 문이며 사탄에게 주는 기회라고 보았습니다. 무지한 사람은 사탄의 유혹에 쉽게 빠지고 세속의 욕망에 빠져 허우적거리거나 이단의 생각을 믿게 됩니다. 물론 그들의 종교 입장에서 청교도가 중시한 지식은 『성서』의 내용이었고, 신의 섭리였습니다. 따라서 어느 곳에 도착하든 서둘러 신학교를 세웠지요.

그러나 일단 교육을 하고자 하면 어떠한 교육이든 상식과 맞닥뜨릴 수밖에 없는 법입니다. 교육받는 시간이 길어질수록, 흡수하는 지식이 많아질수록 풍부한 상식을 갖게 되지요. 상식은 더 나아가 공공 지식을 확장하고 미국 애국주의에 또 다른 기초를 제공하게 됩니다.

전통적인 유럽인의 관점에서 보면 미국에는 피와 살이 있는 권력의 중심인 군주가 없습니다. 그러나 실제로 미국인의 애국주의에는 군주보다 더 튼실한 투사 대상이 있어서 미국 정치를 고도로 집중하게 해 줍니다. 그 대상은 바로 미국 헌법 또는 미국 헌법이 대표하는 미국 정치 제도입니다. 이것은 미국인에게 자신들의 국가가 유럽의 모든 국가보다 탁월한 제도를 가지고 있다는 자부심을 줬습니다. 그래서 미국인은 자신들의 국가를 더 쉽게 인정하고 사랑할 수 있었던 겁니다.

6

섬세한 삼권 배치

미국의 권력 논리에 따르면 하원이 시민을 대표하고 상원이 각 주를 대표하여 시민이 제안하고 각 주가 동의하면 연방 대통령을 하야시킬 수 있습니다. 그러나 만약 그가 하야하는 원인이 위법과 관련돼 있다면 법원의 심사와 판결을 거쳐야 합니다. 이러한 삼권의 성격과 한계는 너무나 명백해 현실에서 운용할 때 혼란이 생기지 않습니다.

헌법 제정의 의미는 독립전쟁 그 이상

프랑스인으로서 미국 독립 혁명을 바라보는 토크빌은 마음이 복잡했습니다. 미국 독립 혁명이 거둔 성과를 긍정하면서 프랑스 독자가 미국 민주주의의 의미를 이해하기를 바라는 마음 한편으로는 미국인이 정말 행운아여서, 어떻게 싸워도 지지 않은 것뿐이라고 믿고 싶은 마음도 들었습니다.

북미 식민지에서 독립 혁명이 성과를 거둔 이유 중 하나는 그들의 적인 영국이 멀리 대서양 너머 수천 킬로미터나 떨어져 있었다는 사실 때문입니다. 또한 혁명 초기에 유력한 우방 프랑스의 협력을 얻은 것도 포함해야겠지요. 그토록 멀리 떨어져 있는 적이 파견할 수 있는 군대란 적고 느릴 수밖에 없습니다. 게다가 라파예트 후작●을 우두머리로 하는 프랑스인이 도왔으니 미국 독립 혁명이 어떻게 실패할 수 있었겠습니까?

재미있게도 토크빌은 책에서 '혁명'이라는 단어로 미국 독립전쟁을 가리키는 경우가 거의 없습니다. 이는 그에게 감춰진 이런 마음을 드러내는 것은 아닐까요.

'아, 우리 프랑스와 비교했을 때 미국의 그러한 상황, 그러한 변화를 '혁명'이라 부를 만한가? 비교해 보면 프랑스는 훨씬 더 곤란한 상황이었고 맞닥뜨린 도전도 더 가혹했다. 수천 년의 군주 전통에 맞서야 했고 단숨에 주변의 모든 이웃 나라가 적이 됐으며 사방의 국경이 봉쇄됐고 적의 군대가 언제고 국경을 넘어 쳐들어올 수 있는 상황이었다. 정부도 없고, 자원도 없고, 믿고 동원할 수 있는 군대도 없었다. 그야말로 아무것도 없는 상황. 이러한 곤경을 미국인은 상상도 하지 못할 것이다.'

● 라파예트 후작(Gilbert du Motier, Marquis de Lafayette, 1757-1834)은 미국 독립 혁명의 지지자로, 자발적으로 워싱턴 아래로 들어가 소장으로 복무했다. 독립전쟁 기간에는 프랑스로 돌아가서 루이 15세의 지원을 얻어 냈다. 미국 헌법 제정 원칙에 크게 감동한 그는 모든 국가가 이를 따라야 한다고 주장했다. 그는 또한 프랑스 대혁명의 지지자로, 「인간과 시민의 권리 선언」은 그가 잡은 초안에 근거한 것이다. 훗날 입헌군주제를 주장한 일과 사회 질서를 유지하기 위해 국민 자위군에게 시위하는 군중에게 총격을 가하라고 지시한 일로 자코뱅당의 지명수배를 받았다. 죽기 전에 미국 시민이 됐다. **180**

다시 말해 혁명 풍조가 남긴 정서를 느끼며 살아가던 프랑스인, 특히 대혁명의 역사 연구에 깊은 흥미를 느낀 프랑스인으로서 토크빌은 미국 독립 혁명의 결과를 높이 찬양할 수 없었습니다. 미국이 이긴 것은 당연했고, 독립전쟁은 대단한 역사 사건이라 할 수 없었습니다.

미국이 독립전쟁에 이긴 걸 두고 감탄할 필요는 없다고 토크빌은 말합니다. 핵심을 놓쳐선 안 된다는 거지요. 미국인에게 감탄할 대목은 독립전쟁에서 승리한 후라고 말합니다. 영국인에게 맞서 독립전쟁을 치를 때 13개 주는 임시로 합쳐서 외교와 군사 영역에서 함께 행동합니다. 전쟁에서 이겼고, 적은 사라졌습니다. 이젠 더 이상 뭉쳐야 할 이유가 없었지요. 그러나 지혜롭고 용기 있는 미국인은 국가를 세운 지 10년 후 국가 성립의 기본 원칙을 전면적으로 재고하기로 결정합니다. 국가의 대강령과 가장 중요한 법을 다시금 설계하기 위해 잠시 멈추어 2년이라는 시간을 씁니다. 당시 북미에서 가장 똑똑한 두뇌, 가장 정직한 인격을 모아 미국 헌법의 기초를 마련합니다. 그 내용을 13개 주에 전달하고 일일이 투표를 거쳐 통과시킵니다.

이는 독립전쟁보다 훨씬 더 어려운 작업입니다. 이 작업의 의미는 미국이 독립전쟁에서 승리한 것을 능가한다고 토크빌은 주장합니다.

국가가 세워지고 10년이나 지났는데도 국가의 기초가 든든하지 않다며 잠시 멈춰서 모두 모이게 한 후 다시 설계함으로써 국가가 더 오래갈 수 있도록 한다는 것이 과연 가능한가? 이 점이야말로 토크빌이 미국이라는 나라에 감탄하는 대목입니다. 국가가 성립하고 운영된 후 현실 경험을 쌓고 다시 헌법을 설계하고 계획했다는 것. 그래서 미국 연방 헌법은 상당히 타협적이면서도 탄력적입니다. 특히 중요한 것은 연방 권력과 각 주의 권력 사이에 서로 영향을 주고받을 수 있는 탄력성을 찾아냈다는 점입니다.

앞에서 미국 의회 양원의 구성 방식을 설명했습니다. 하원은 인구수에 따라 자리를 배분하고 상원은 각 주의 크기에 관계없이 일률적으로 두 자리씩 줍니다. 헌법에서는 이 양원의 업무 분담을 더 상세하게 다룹니다. 실질적인 입법 업무는 하원에서 담당하는데, 이는 더 많은 사람의 이익과 관계된 법안일수록 하원에서 통과시킬 기회가 많다는 뜻입니다. 상원은 원칙상 자체적으로 법안을 내놓을 수 없지만 하원이 통과시킨 법안을 심의하고 수정합니다. 다시 말해 대다수 인구를 대표하는 법안이 각 주의 독립적 권력에 해를 끼치지 못하도록 하고 큰 주가 작은 주를 업신여겨 숫자로 누르는 상황이 벌어지지 않게 한 겁니다. 그러한 법안은 상원이라는 관문을 통과할 수 없도록 한 거지요.

또한 행정권 사이의 관계에서 상원과 하원은 완전히 같지 않습니다. 하원은 입법권의 주체이므로 대통령이 대표하는 행정권과 명백하게 대립됩니다. 상원도 입법권에 속하기는 하지만 동시에 입법과 행정을 감독하고 조율하는 기능을 수행합니다. 미국 헌법에서 상원 의장이 부통령을 겸임하도록 정한 규정은 이러한 정신 아래 설계된 겁니다.

하원은 법률을 제정해 행정권의 규범을 확립하거나 행정권에 넘겨 집행하게 합니다. 상원은 행정권의 일상 업무를 감독함으로써 행정권이 규율을 파괴하지는 않는지, 겉으로만 따르고 속으로는 거스르지 않는지, 독직瀆職하거나 태만하지 않은지 확인합니다. 말하자면 하원은 농구 협회의 기술위원회처럼 경기 중에 공격하는 팀 선수가 제한 구역 안에서 3초 이상 공을 가지고 있으면 상대편에 공격권을 넘겨준다고 결정합니다. 상원은 경기장의 심판입니다. 가까이서 선수가 제한 구역에서 3초 이상 머물지 않는지 지켜봅니다.

부통령을 겸임하는 상원 의장은 한편으로 상원 의원과 행정부의 거리를 가깝게 해 주고, 다른 한편으로 행정권의 관점에서 하원을 통과한 법안이 제대로 집행되는지 검증합니다. 그러면서 상원도 대통령 탄핵과 파면을 결정할 수 있는 최종 권력을 보유합니다. 근본 원칙에서는 여전히 각 주의 대표가 대통령의 직무를 평가, 판단하고 나아가 부결하는 권력을 갖습니다. 상대적으로 이 일에서 하원이 가진 권력은 제안권으로, 일반 시민의 관점에서 대통령의 실직을 제안하는 탄핵을 할 수 있습니다. 이렇게 되면 시민과 대통령 사이에 심각한 다툼이 발생할 여지가 생기므로 이때는 각 주에 넘겨서 반드시 중재와 심판을 하게 합니다.

토크빌은 미국의 세밀한 권력 배치와 완벽을 기하는 사고방식에 감탄합니다. 이렇게 다른 조문의 이면에는 명백한 논리가 있습니다. 토크빌이 머물던 프랑스에 비하면 더더욱 명확했지요. 당시 입헌군주제였던 프랑스에서는 군주가 탄핵을 받지 않았습니다. 오직 혁명이라는 수단을 통해서만 군주를 내려오게 할 수 있었습니다. 의회에는 행정부 수장을 징벌할 권한이 있지만 기존 법률에 근거해야 했습니다. 예컨대 그가 형법 제 몇 조를 어겼으므로 그에게 20년 감옥형을 내린다고 결정하는 겁니다. 그러나 미국의 명백한 권력 논리에 따르면 이러한 일은 일어날 수 없습니다. 그러지 않으면 의회가 사법권을 침범해 법원에 속한 권력을 월권해 행사할 것이기 때문입니다. 미국의 처리 방식은 하원이 시민을 대표하고 상원이 각 주를 대표하여, 연방 대통령에 대한 신임 여부를 협력해 결정합니다. 시민이 제안하고 각 주가 동의하면 연방 대통령을 하야시킬 수 있습니다. 그러나 그가 하야하는 원인이 위법과 관련돼 있다면 법원의 심사와 판결을 거쳐야 합니다. 이러한 삼권의 성격과 한계는 너무나 명백해 현실에서 운용할 때 혼란이 생기지 않습니다.

입법 위의 사법, 행정 위의 입법

삼권의 구조를 다루며, 토크빌은 책에서 가장 먼저 헌법에 대해 말한 후 삼권을 나누어 이야기합니다. 처음으로 논하는 것은 사법이고 그다음은 입법이며 마지막으로 행정을 다루는데, 이 순서에는 이유가 있습니다.

간단하고 표면적인 이유는 그가 미국에 가서 조사하려한 것이 사법에 속하는 감옥 행정이므로 당연히 미국 사법에 가장 익숙했기 때문이라는 것입니다. 심층적인 이유는 토크빌이 삼권 가운데 사법이 가장 중요하다고 보았기 때문입니다. 미국의 가장 특수한 정신은 법에 의해 통치하고 관리한다는 정신이므로, 위계 또한 법률이 가장 높고 모든 법률 중에서도 헌법이 으뜸이라는 것이지요.

헌법은 최고 위계의 법률로 국가 운영의 최종 규범입니다. 주의할 것은 헌법은 진리가 아니므로 수정될 수 있다는 점입니다. 다만 정해진 순서에 따라 수정하기 전까지 헌법은 국가 정치상의 진리입니다. 이는 또한 매우 중요한 자리매김으로, 예전의 인류 정치사에는 이런 경우가 없었습니다.

과거에는 하늘이 계시하는 원칙과 사람이 만든 원칙이 있었습니다. 하늘의 계시는 말하자면 『성서』 같은 것인데, 신앙과 준수의 대상이 될 뿐이고, 기껏해야 해석의 대상이 될 수는 있어도 파괴하거나 변화하거나 뒤집을 수는 없습니다. 사람이 만든 원칙은 각종 현실 조건의 영향을 받기 때문에 쉽게 다른 시대, 다른 사회로 적용하기 어려워 늘 바뀌고 강한 구속력을 갖지 못합니다. 미국 헌법은 이 양자 사이에 교묘하고 애매하게 위치합니다. 사람들의 공동 의지로 정해 하늘이 계시하는 진리라고 보기로 약속한 셈이지요. 그러나 하늘이 계시한 진리와 달리 헌법은 수정이 가능했지만 어려운 과정을 거쳐야 했습니다. 헌법의 어긋남과 잘못이 일정 수준에 이르러, 절대다수의 사람이 그 잘못을 알아보고 어긋남을 받아들이지 못하면 수정에 들어갔습니다. 그러나 그러한 상황이 나타나기 전에 어떤 이는 찬성하고 어떤 이는 반대하는 경우, 심지어 찬성과 반대가 반반인 경우에는 헌법의 안정성을 유지하기 위해 기존의 헌법 규범을 보류하고, 규범에 근거해 온 나라의 정치 행위를 조정해 일치시키거나 동화시켰습니다.

위계가 이토록 높은 헌법이 타운 집회의 소규모 단계에서 연방 단계까지 올라가 적용될 수 있는 것은 민주주의에서뿐입니다. 헌법은 법률의 일종이므로 사법권의 대법관 회의에서 관할하고 해석하고 판결합니다. 따라서 사법권의 상대적 위계는 입법권과 행정권보다 높습니다.

토크빌의 이러한 순서 배열은 오늘날 우리가 가진 인상과 매우 다릅니다. 우리가 보는 미국은 기본적으로 행정권이 두드러지는 나라입니다. 미국 대통령, 미국 국무장관과 주중 미국 대사 또는 유엔 주재 미국 대사는 모두 행정권의 영역에 속합니다. 그러나 토크빌의 책에서는 행정권의 위계가 삼권 가운데 가장 낮아서 사법권이나 입법권에 비교할 수 없습니다.

이 또한 유럽, 특히 프랑스와 비교한 후 얻은 결론입니다. 대혁명 전은 말할 것도 없이, 대혁명 후의 프랑스 정부도 미국 정부보다 더 큰 행정 공간을 보유하고 있었습니다. 미국의 행정권은 유럽 국가가 상상도 못할 제한을 받았습니다. 미국 의회는 입법으로 행정권을 지휘할 수 없었지만, 미국 정부도 의회가 정한 법률 영역에서만 움직일 수 있었습니다. 유럽 국가들은 보통 그렇게 명확하게 행정권과 입법권을 나누지 않았습니다. 행정 명령과 법률 사이에는 애매한 영역이 방대하게 존재했습니다. 유럽 국가들의 정부는 항상 행정 명령을 평민이 준수하도록 규정하고 요구할 수 있었지만 미국 정부에는 그러한 여지가 없었습니다.

프랑스 대혁명은 삼부회●가 열렸을 때 터졌습니다. 삼부회는 임시적인 국민 대표 회의이자 입법 기구였습니다. 그런데 이 입법 기구가 법률을 토론하고 제정했음에도 국왕의 정부는 이를 받아들이지 않았습니다. 국왕의 정부는 국왕이 제멋대로 만든 법률에 따르면 되었습니다. 그래서 이두 권력이 상하의 위계로 나뉘지도 못하고, 업무를 분담할 수도 없어 직접적인 충돌이 생겼습니다. 결국 나라가 망할 상황에 처하면서 혁명이라는 비상 수단만이 문제를 해결할

● 삼부회(三部會)는 성직자, 귀족, 평민으로 구성됐으며, 보통 국가가 재정이나 정치에서 곤란을 겪을 때 소집됐다. 첫 회의는 1302년, 마지막 회의는 1789년 대혁명 발발 직전에 소집됐다. 마지막 회의에서 평민 대표들이 성직자와 귀족의 특권을 취소하도록 요구했지만 받아들여지지 않자 그들은 자체적으로 국민회의를 꾸렸다.

수 있게 되었습니다.

토크빌은 유사한 상황이 미국에서는 결코 나타나지 않는다고 강조했습니다. 미국의 행정권은 명확하게 입법권보다 낮기 때문입니다. 행정권은 입법권에 이렇게 말할 수 없습니다. "나는 네가 정한 법률을 지키지 않을 거야. 나 자신의 규칙대로 일하겠어." 미국 행정 규칙은 입법권이 정한 것이니까요. 행정권은 입법권이 정한 범위 안에서만 작동하지 입법권에 도전할 수는 없습니다.

주지사는 주 의회에, 연방 대통령은 연방 의회에 부결권이 있습니다. 그런데 부결권이라고 번역되는 이 말을 토크빌은 늘 "veto or suspension right"라고 썼습니다. 권력을 부결 또는 연기한다는 의미입니다. 왜 이렇게 말했을까요? 미국 행정권의 입법권에 대한 부결은 효력이 완벽하지 않기 때문입니다.

대통령이 부결권을 사용하는 상황을 상상해 보지요. 의회가 3세 이하의 아동에게 매년 3만 달러의 보조금을 지원하는 법안을 만듭니다. 법안이 대통령의 책상 위에 놓여 서명을 기다립니다. 대통령은 국가 재정이 어려워서 이 자금을 마련할 수 없다고 생각합니다. 그래서 부결권을 사용하고 그 결과 이 법안이 부결됩니다. 이로 인해 이 법안이 취소되고 그걸로 끝일까요? 그렇지 않습니다. 대통령의 부결은 다른 순서를 시동한 것일 뿐입니다. 이 법안은 다시 의회로 돌아가 심리를 받고 재투표 과정을 거칩니다. 의회 의원 3분의 2가 투표해서 원래 법안을 가결하면 대통령의 동의와 무관하게 법안이 성립합니다. 다시 말해 대통령의 부결은 의회에서 뒤집힐 수 있으며 대통령에게는 최종 결정을 내릴 재량이 없습니다.

대통령의 부결 효과는 의회를 압박해 결의를 취소시키는 것이 아니라, 입법을 연기해 법안이 잠시 성립하지 못하도록 하고, 의회가 다시 한 번 심리하도록 되돌려 보냄으로써 의회가 이 법안을 얼마나 강력하게 지지하는지 시험하는 겁니다. 만약 의회에서 3분의 2가 넘는 다수가 이 법안의 통과를 지지하면 대통령은 순순히 받아들일 수밖에 없습니다. 토크빌은 이런 사실에서 행정권이 입법권보다 낮다는 사실을 더 명확하게 깨닫게 된 겁니다.

입법권과 행정권 사이의 조정자 역할을 하는 정당

이러한 권력 위계를 보며 토크빌은 다음과 같이 예언했습니다. 미국 정치가 내리막길을 걸어 손상되고 불량해졌을 때 입법권이 행정권을 침범하는 현상이 수없이 나타날 것이고, 대통령이 여러 가지 이유로 탄핵당하는 사건이 발생할 거라고요.

우리에게도 무척이나 와닿는 예언이라 할 수 있습니다. 1998년 미국 의회가 당시 대통령이던 빌 클린턴을 탄핵했을 때 나는 미국에 있었기에 가까이서 전 과정을 지켜볼 수 있었습니다. 토크빌은 미국 헌법에서 대통령을 탄핵하려면 다음과 같은 조건이 필요하다고 일깨워 줍니다. '매국, 수뢰, 엄중한 형사 범죄 또는 기타 엄중한 행위.' 관건은 '기타 엄중한 행위'에 있습니다. '기타 엄중한 행위'가 무엇일까요? 이것을 어떻게 정의해야 할까요? 여기에는 엄청난 주관적 해석의 여지가 있습니다.

당시 미국 의회는 어떤 명목으로 클린턴을 탄핵했을까요? 매국도 아니고 수뢰도 아니며 엄중한 형사 범죄도 아니었습니다. 그가 백악관에 실습 나온 학생과 일으킨 스캔들과 이 일을 감추기 위해 내뱉은 거짓말이 명목이었습니다. 이것을 엄중한 행위라고 할 수 있을까요? 만일 그렇다면 대통령이 한 일 중 수천수만 가지 일을 엄중한 행위의 범위에 집어넣어야 하는 건 아닐까요? 도대체 대통령의 직권에 관련되는 엄중한 행위라고 정하는 기준은 무엇일까요? 관점을 바꾸어 백악관에서 어느 정도까지 남녀관계가 난잡하지 않아야 엄중한 행위로 여겨지지 않을까요?

이론적으로 보면 토크빌의 예언은 정확했습니다. 그는 미국 헌법상 입법권이 행정권을 잠식할 수 있는 수많은 경로가 있음을 정확하게 파악했습니다. 그러나 현실에서 미국 대통령이 탄핵당한 경우는 극소수입니다. 클린턴 이전에 탄핵당할 뻔했던 대통령이 있는데 바로 리처드 닉슨입니다. 그는 워터게이트 사건으로 조사를 받았지만 의회에서 탄핵당하기 전에 스스로 사퇴하는 길을 택했습니다.●

이론상 의회는 언제든 대통령을 탄핵할 수 있습니다. 고양이가 쥐를 희롱하듯이 불시에 대통령을 희롱하면서 '엄중한 행위'에 걸릴 만한 온갖 이유를 대 대통령을 번거롭게 할 수 있습니다. 그러나 현실에서는 이런 상황이 발생하지 않습니다. 이 사이에서 움직이는 핵심 요인이 바로 정당입니다.

● 클린턴은 두 번째로 하원에서 탄핵당한 미국 대통령이다. 첫 번째로 탄핵당한 사람은 제17대 대통령 앤드루 잭슨이다. 링컨의 부통령으로 링컨이 암살당한 후 대통령이 됐는데, 민권 법안을 부결했다는 이유로 하원의 탄핵을 당했다.

미국 헌법은 숱한 문제를 낳을 수 있습니다. 따라서 헌법상 규정하지 않은 중요한 문제 중 큰 부분을 정당이 처리합니다. 예컨대 행정권과 입법권은 헌법상 날카롭게 대립합니다. 이 둘의 관계는 수많은 충돌 가능성을 품고 있지요. 그러나 미국의 실제 민주주의 운용에서는 그렇게 많이 충돌하지 않습니다. 정당이 그 사이에서 끊임없이 중재하고 조정하기 때문입니다.

의회가 탄핵을 발동하기까지 이르지 않는 주요한 이유는 정당을 통하기 때문입니다. 대통령과 같은 당 소속의 의회 의원들은 밀접한 이익 관계로 연결돼 있습니다. 행정권과 행정 자원을 가진 대통령은 각종 방식으로 같은 당의 의원을 도울 수 있습니다. 선거구에서 주민의 인정을 얻는 일뿐 아니라 의회에서 공무를 논의할 때도 도움을 줍니다. 거꾸로 같은 당의 의원은 대통령을 보호하고 대통령과 의회 사이에서 생기는 문제를 해결할 수 있도록 협조하는 경향이 있습니다.

이것은 헌법에 규정되어 있지 않지만 민주주의가 작동하는 현실에서 권력 분배에 아주 큰 역할을 합니다.

민주주의 제도가 갖춘 최고의 자기 수정 능력

　미국의 민주주의는 청교도 전통에서 발원했습니다. 하지만 민주 제도가 건설된 후에는 점차 한 걸음씩 청교도 전통 외의 것으로 독립해 발전했습니다. 청교도 전통은 역사적 우연이었을 뿐, 청교도 사회여야 민주주의가 생기는 것은 결코 아닙니다. 유럽 국가들에는 그토록 강력한 청교도 전통이 없었습니다. 프랑스처럼 오랫동안 가톨릭이 중심이거나, 심지어 신교 교파를 적대시하는 곳도 있었습니다. 만약 청교도라는 토양이 있어서 민주주의가 생겨났다면 토크빌이 프랑스 독자들에게 읽힐 목적으로『미국의 민주주의』를 쓸 이유도 없었겠지요.

　민주주의가 미국에서 세워진 것은 여러 가지 역사적 우연에 기대고 있지만 민주주의가 다른 제도와 차별되는 지점은 바로 이 민주주의가 모든 인류가 설계한 정치 제도 중 자기 수정 능력이 가장 뛰어나다는 것입니다. 미국의 민주주의는 원래 고도로 동질적인 성격을 가진 집단에서 생겨났지만, 민주주의는 다원적인 발전 가능성이 열려 있고, 다원적인 사회에 맞추어 변화합니다. 사회가 다원화할수록 직접 민주주의는 공감대를 이루기 어렵습니다. 그래서 미국의 민주 제도는 점차 대의적인 성격이 강해졌고, 대의를 통한 정책 결정의 범위도 갈수록 넓어졌지요.

이러한 내재적인 수정은 민주주의의 일부입니다. 미국에서 민주주의는 끊임없이 그 범위를 넓혔고, 넓힐 때마다 민주주의 내부의 시스템도 조정됐습니다. 이것은 미국 역사에서 무척 중요한 부분입니다.

고대 그리스의 폴리스 정치는 직접 민주주의였지만 전면적인 민주주의는 아니었습니다. 고대 그리스의 직접 민주주의는 투표권이 제한되었습니다. 폴리스에는 투표권이 없는 노예가 다수 있었고, 투표권이 없는 여성과 아동도 다수를 차지했습니다. 이와 유사한 상황이 현대 스위스에도 있었습니다. 스위스 여성은 1971년이 되어서야 전면적으로 투표권을 얻어서 남성과 대등한 정치적 신분을 갖게 됐습니다.●

미국의 민주주의가 시작될 때도 그랬습니다. 흑인 노

● 스위스는 1848년 헌법으로 모든 사람이 평등함을 보장했다. 그러나 여성도 평등한 권리를 누릴 수 있다는 명문화된 규정은 없었다. 그 후 헌법에 근거해 만든 법률에도 여성의 지위는 법률상 열등했다. 스위스 여성들이 여성운동단체를 통해 끊임없이 항의하고 청원했는데 1928년 여성도 선거권을 가져야 한다고 주장한 청원은 연방위원회에서 다시 기각됐다. 기각된 이유는 다음과 같았다.
'이 개념(보통 선거)을 여성에게 확대해야 한다고 주장하는 사람이 있다면 그의 주장은 헌법에 대한 합리적 해석의 경계를 넘어서고 헌법의 정신을 위배한다.'

예는 물론이고 여성에게도 투표권이 없었습니다. 그러나 이러한 상황은 빠르게 바뀌었고 변화가 거듭되면서 투표권은 끊임없이 확대됐습니다. 재산 제한, 신분 제한, 혈통 제한, 성별 제한에서 연령 제한에 이르기까지 각종 제한이 차례로 철폐되고 완화됐습니다. 제한이 하나씩 철폐될 때마다 미국의 정치 제도는 처음 만들어졌을 때 생각지도 못했던 문제들을 조정해야 했습니다.

그러나 200여 년간 조정을 거친 오늘날 우리는 여전히 토크빌의 책을 읽을 수 있습니다. 게다가 그의 책을 읽는 것에는 강렬한 현실적 의의가 있습니다. 이는 미국의 민주주의가 견실하고 안정적인 일관성이 있으며 그 핵심 정신과 가치가 그토록 오랜 변화와 조정을 거친 지금에도 여전히 변하지 않았다는 사실을 설명합니다.

7

사회학적 시각

평등과 민주주의에는 어떠한 사회 기초가 필요할까요? 혹은 거꾸로

물어보지요. 정치에서 민주 제도를 채택하면 사회에 어떠한 효과를 만들어

낼까요? 어떤 사회가 생겨날까요? 토크빌은 프랑스에서 보편적으로

유행하던 관점을 뒤집습니다. '민주주의는 혁명에서 온다.' 그는 민주 사회가

성립하려면 상대적으로 안정된 공감대를 형성한 환경이 필요하다고

보았습니다.

미국 민주주의의 구체적 내용을 서술한 1권

『미국의 민주주의』1권과 2권은 동시에 출간되지 않았습니다. 그사이에 10여 년의 간격이 있습니다. 토크빌은 이 두 권의 내용에 분명한 차이를 두려고 계획했습니다.

토크빌은 처음에 1권과 2권의 내용을 잇지 않고 각각 다른 내용을 담으려 했습니다. 1권에서는 미국 민주주의의 구체적인 내용, 곧 앞에서 말한 역사적 현실, 우연한 변화 과정을 담으려 했고, 2권에서는 추상적이고 원리적인 논의, 곧 민주주의가 다른 사회, 다른 시공간을 뛰어넘어 변함없이 안정된 가치와 근본 원칙을 유지할 수 있는 이유를 논하려 했습니다.

1권의 중점은 독자들에게 실제 자료를 제공하는 겁니다. 미국이 어떤 국가이고, 미국의 국민, 지리, 신앙, 역사는 어떠하며 어떤 사람들이 어떤 과정을 거쳐 이 국가를 세웠는지, 특히 중요하게는 어째서 그들이 민주주의를 정치권력을 배치하는 주요 원칙으로 삼게 됐는지 설명합니다.

그런 다음 구체적으로 미국인이 어떠한 토대 위에서 그들의 민주 제도를 운용했는지 타운 집회부터 타운, 다시 주와 주 사이의 관계, 그다음으로 연방까지 단계를 밟아 올라가며 설명하고, 연방 헌법과 헌법 운용에 필요한 언론의 자유, 매체, 정당 등 부가 조건을 소개합니다.

왜 1권에서 이런 방식을 사용했을까요? 그리고 왜 그토록 꼼꼼하게 썼을까요? 토크빌의 목적은 그가 본 프랑스의 단점을 지적하고 고치는 것이었습니다. 프랑스에서는 민주주의에 반대하든 찬성하든 모두 습관적으로 두루뭉술하고 애매모호한 방식을 사용해, 민주주의를 당연하다는 듯 묘사하고 자기 말이 옳다는 듯 논의했습니다. 그 결과 모두가 민주주의를 말하는데도 각자가 가리키는 내용은 근본적으로 완전히 달랐습니다. 이래서야 어떻게 효과적으로 토론을 진행할 수 있겠습니까?

토크빌은 『미국의 민주주의』 1권을 이용해서 미국이

홀륭하게 운용하고 있는 민주주의가 도대체 어떤 모습인지 프랑스 독자에게 보여 주려 했습니다.

대혁명 이후 민주 사회가 되기는 했지만 프랑스는 미국과 크게 달랐습니다. 가장 큰 차이점은 프랑스가 줄곧 추상적인 이론 차원에서만 민주주의를 상상하며 혼란스러운 토론과 논쟁 속에서 끊임없이 모색하느라 시종 안정되지 못해 견고한 제도를 만들지 못했다는 점입니다. 토크빌의 조국인 프랑스는 반세기라는 시간 동안 민주주의가 어때야 하는지 상상하고, 토론하고, 논쟁했는데도 정작 민주 제도와 그에 상응하는 민주적인 생활 속에서 살 기회는 갖지 못한 겁니다.

이러한 토크빌의 의도를 이해하고, 그가 쓴 1권의 스타일이 어디서 비롯되었는지 이해하면 미국 민주주의에 대해 그가 쌓은 현실적이고 구체적인 세부 내용을 납득하고 감상할 수 있을뿐더러 동시에 그 속의 기묘한 한계도 발견할 수 있습니다. 1권에서 그는 미국 민주주의의 현황을 드러내면서 미국 민주주의를 프랑스 사회가 배울 대상으로 삼고 싶어 합니다. 이 두 가지 요구가 어느 때나 맞물린다고 할 수는 없습니다. 미국의 민주주의가 무척 흡인력이 있다고 말하려면 때때로 현실의 사실을 희생할 수밖에 없었을 겁니다. 만약 미국 민주주의의 현실에서 발생하는 문제를 구체적이고 분명하게 말했다면 독자들이 품은 미국 민주주의에 대한 동경에 영향을 끼쳤겠지요.

토크빌은 구체적인 현실에 이상을 섞어야 했습니다. 예컨대 정당에 대해 논하는 챕터에서 토크빌은 미국에 정당 정치가 없다는 기본 태도를 보입니다. 이것이 사실일까요?

토크빌이 1권을 쓸 때 미국에는 물론 정당이 있었습니다. 분명히 정당이 운영되고 있었습니다. 서로 힘을 겨루던 양대 정당인 민주공화당과 연방당이 있었지요.●

그렇다면 왜 토크빌은 미국에 정당이 없다고 말했을까요? 그는 민주주의에서 이상적인 정당의 모습을 머릿속에 가지고 있었습니다. 그가 생각하기에 정당은 반드시 이익도 편의도 아닌 이념을 위해 조직되어야 했고, 이렇게 이상화된 정의에서는 연방당만 기준에 부합했고 민주공화당은 순수성이 부족했습니다.

● 미국에서 1792년부터 1824년 사이에 1차로 정당 체제가 형성됐는데, 대립하는 두 정당은 각각 민주공화당과 연방당이었다. 해밀턴이 창당한 연방당은 국가 은행과 관세를 설립하고 영국과 우호적인 관계를 유지해야 한다고 주장했다. 민주공화당은 제퍼슨과 매디슨 등이 주도해 창당했고 연방당의 모든 정책에 반대했다. 연방당은 대통령 당선자를 단 한 번 냈는데, 그가 애덤스다. 민주공화당은 제퍼슨과 매디슨, 먼로 세 사람을 대통령으로 냈다. 1820년대가 되자 연방당의 활동력은 크게 약화됐고, 민주공화당은 앤드루 잭슨이 이끄는 민주당과 잭슨을 반대하는 국가공화당으로 나뉨으로써 미국은 2차 정당 체제(1828-1854)로 진입했다.

따라서 토크빌의 책으로 미국 정치에서 정당이 차지하는 중요성을 파악하기는 쉽지 않습니다. 미국 정치 제도의 기초 공정은 18세기 말과 19세기에 대체로 완성되어 200여 년간 유지됐습니다. 그러나 이러한 기초 위에서 작동된 현실 민주주의는 오랜 시간의 변화를 겪었습니다. 이러한 변화의 동력 중 하나는 정당입니다.

토크빌이 묘사하는 미국 민주주의의 구조는 서로 밀접하게 연결되어 있어서 정치인이 실력을 발휘할 수 있는 여지를 많이 남겨 주지 않습니다. 그러나 200여 년 미국 정치사를 보면 수많은 정치인이 눈부신 공로를 남겼습니다. 그들이 활동하고 실력을 발휘할 공간의 큰 부분은 정당의 존재와 발전을 통해 열렸습니다.

토크빌이 묘사하는 미국 민주주의의 현실을 보면 행정권은 사법권과 입법권보다 낮고, 주의 권한이 연방 권력을 반으로 나눠 버립니다. 이로 인해 연방 행정권을 대표하는 대통령은 무척 무능했습니다. 훗날 역사에서 정당이 맡은 역할이나 정당에서 촉진한 변화가 없었다면 미국 대통령은 그렇게 중요한 자리가 되지 않았겠지요.

만약 정당이 각 주 사이에 자리를 잡고 각 주지사를 연결하지 않았다면 상황은 크게 달라졌을 겁니다. 정당 내부에는 권력 위계가 형성됐고, 당 내에는 여러 주지사와 그보다 더 많은 의원이 있지만 대통령은 한 사람뿐이므로 자연스럽게 대통령의 지위가 높아졌습니다. 현실적으로 같은 당에 속한 대통령과 주지사, 의원은 선거에서 같은 당 이름을 걸고 서로 협력해야 했으므로 권한을 나누거나 대항하는 관계는 생길 수 없었습니다.

더욱이 정보 전달 방식이 바뀌어 대통령이 점차 매체를 통해 대중에게 노출될 기회가 많아지면서, 대통령은 주의 경계를 넘어 각 주에서 유명해지고 영향력을 갖게 됐습니다. 정당 내부에서 대통령과 주지사 사이의 지위 차이는 갈수록 커졌고, 정당은 곧 대통령이 각 주의 견제를 약화하고 나아가 각 주에 함께 움직이기를 요구하는 수단이 됐습니다.

정당은 민주주의의 구조를 확장하고 어지럽히고 나아가 개조하는 힘입니다. 이상적인 개념이라는 편견에 빠진 토크빌은 이러한 현실의 변수를 파악하지 못했고,『미국의 민주주의』1권은 그러한 한계를 드러냅니다.

1권을 사회학적으로 분석한 2권

『미국의 민주주의』1권에서 토크빌은 민주주의라는 복음을 전파하는 선교사 같은 말투로 독자에게 말을 건넵니다. 그는 민주주의를 복음처럼 전하고자 한다면 사람들에게서 "이건 실제와 부합하지 않소" 또는 "미국의 것은 프랑스에는 맞지 않아" 같은 비판을 듣고 거절당하기 십상이라는 사실을 잘 알고 있었습니다. 그래서 그가 선택한 전략은 미국의 민주주의 과정을 자세히 서술함으로써 민주주의가 하늘에 떨어진 것도 아니고 공상의 산물도 아니며 손에 잡히는 구체적 현실임을 설명하려 했습니다. 또한 민주주의가 미국에서만 나타날 수 있는 것이 결코 아님을 보여 주려고 했지요.

토크빌은 이런 전략을 구사해서 프랑스 독자의 민주주의에 대한 거부감을 누그러뜨리고 민주주의를 건설하자고 설득하려 했습니다. 그는 민주주의를 프랑스에 적용할 수 없는 게 아니라 지난날 프랑스에서 추구한 민주주의 방식이 공상적이라는 점이 잘못됐음을 지적했습니다. 미국의 사례를 통해 민주주의가 현실적이라고 느끼고 민주주의를 실현하고자 한다면 프랑스도 민주주의를 누릴 수 있다고요.

토크빌의 계획대로라면 『미국의 민주주의』 2권은 추상적인 철학적 논의가 담겨야 했습니다. 그러나 실제로 그는 2권에서 민주주의를 판단하다 민주주의의 여러 가지 문제에 부딪혔고 그 사고 과정에서 거꾸로 미국 민주주의의 현실적 난점들이 도드라지게 되었습니다.

『미국의 민주주의』 2권의 가치는 오랫동안 저평가됐습니다. 1권에서 토크빌이 설정한 자신의 역할은 자료를 수집, 정리, 서술하는 사람이었습니다. 그는 자신이 본 자료와 현상을 생생하게 묘사했습니다. 그러나 2권에서 토크빌은 분석하는 사람이 되어 1권에서 서술한 자료와 현상을 분석합니다.

특히 지적해 둘 사항은 토크빌이 『미국의 민주주의』를 쓸 때는 지금은 이미 우리에게 익숙해진 '사회학'이 아직 성립하기 전이라는 점입니다. 당시에는 사회학이 없었고, 사회학이라는 명칭조차 없었습니다. 그러나 토크빌의 작업은 바로 현대의 사회학적 논의였고, 2권에서는 1권에서 나열한 자료를 사회학적으로 분석했다고 볼 수 있습니다.

사회학이란 무엇이고, 사회에 관한 연구란 무엇일까요? 사회학이 성립하는 전제는 수많은 사람이 함께 모여 생활하고 사회를 이루며 서로 관계를 맺은 후 그들의 생활이 이러한 사실에 영향을 받고 변화가 생긴다는 겁니다. 사회 생활의 이치는 개인의 그것과 완전히 다릅니다. 개인이 내린 경제적 결정은 한 무리의 사람이 모여서 서로 영향을 주고받아 내린 결정과 다릅니다. 사회에 부유한 사람이 일부 있다면, 이 사실은 그들에게만 영향을 미치지 않습니다. 그들이 가진 재산의 많고 적음, 그들이 재산을 운용하는 방식은 사회에서 주고받은 관계를 통해 부유하지 않은 사람의 경제적 결정에도 영향을 미치고 변화를 줍니다. 반대로, 부유하지 않은 사람의 재부에 대한 태도도 부유한 자가 재부를 쌓고 운용하는 방식에 영향을 미칩니다.

좀 더 확대해서 보면 인류는 사회를 이룸으로써 종교 활동, 경제 활동, 정치 활동 등 다른 분야 사이에 관계를 만들고, 집단의 특수한 상호 작용을 낳습니다. 이러한 활동이 서로 사회적으로 연결되면서 어떤 경제 제도가 생기면 그에 걸맞은 정치 조직이 생깁니다. 이 사이에는 사회의 이치가 있습니다. 다시 말해 경제와 정치의 파생 현상에는 그만한 이유가 있으며, 가능한 조합이 무궁무진하지도 않습니다. 현상은 공통된 사회 구조의 제한을 받습니다. 공통된 사회 구조 위에 형성된다고 말할 수도 있겠군요. 이러한 사회 구조의 이치를 찾아내면 우리가 이 사회에서 정치와 정치가 관계 맺는 형식을 이해하는 데 크게 도움이 됩니다.

이를 사회학적 시각이라고 부릅니다. 놀랍게도 프랑스의 콩트나 독일의 마르크스보다 앞서서 토크빌은 『미국의 민주주의』 2권에서 온전한 사회학적 시각을 제공합니다.

민주주의는 혁명이 아니라 공감에서 온다

『미국의 민주주의』 2권의 사회학적 관점은 1권 첫머리에서 밝힌 '평등' 개념에서 시작됩니다. 인류 역사상 평등을 이토록 강렬하게 요구하고 추구한 나라는 나타난 적이 없습니다. 평등을 최고의 원칙이자 최고의 가치를 지닌 실질적인 민주주의 사회의 운용 원리로 삼았다는 점은 미국의 가장 큰 특징입니다. 2권에서 토크빌은 평등과 관련된 두 가지 문제를 설정하고 분석합니다.

첫 번째 문제는 평등과 민주주의에 어떠한 사회 기초가 필요한가 하는 것입니다. 정치 제도로서 민주주의는 단순하게 권력을 분배하기가 어려워 정치 영역에서 해결할 수밖에 없습니다. 민주주의는 대중과 연관되고, 바로 그렇기 때문에 군주 제도처럼 소수가 권력을 나누어 갖는 제도와 근본적으로 다릅니다. 말하자면 민주주의의 폭과 둘레는 바로 사회 전체이고, 따라서 민주주의에는 특정한 사회 기초가 필요합니다.

두 번째 문제는 좀 더 큰데, 처음 질문을 뒤집어 묻습니다. 정치에서 민주 제도를 채택하면 사회에 어떠한 효과를 만들어 낼까요? 어떤 사회가 생겨날까요?

토크빌의 분석은 여전히 미국과 프랑스를 대조하며 진행됩니다. 그는 프랑스에서 당연하게 여기는 관점에 정면으로 도전합니다. 곧 '민주주의는 혁명에서 온다'는 관점입니다. 말하자면 혁명이라는 수단으로 원래 있던 비민주적인 정치 구조를 깨뜨린 후에야 그 공간을 민주주의로 대체할 수 있고, 혁명이 없으면 민주주의도 없다는 관점이지요.

토크빌은 이 관점이 정치적으로 일면만 본 단순한 생각이며 그 중간에 논리적 인과가 뒤섞여 있다고 봅니다. 혁명은 구체제를 깨기 위한 수단입니다. 구체제를 파괴하고 폐기하고 난 후 민주 제도로 고칩니다. 이러한 시간상의 선후 순서를 혁명과 민주주의 사이의 직접적 인과 관계로 여겨서는 곤란합니다. 시간적으로 민주주의에 앞선다 해두 혁명이 민주주의를 생겨나게 한 원인은 아닙니다.

토크빌은 프랑스에서 흔히 유행하던 '민주주의는 혁명에서 온다'는 관점을 철저하게 뒤집었습니다. 그는 이렇게 주장했습니다. "미국이 민주주의 사회가 된 것은 미국에서 혁명이 발발하지 않았기 때문이다."

앞에서 말씀드렸지요. 그는 프랑스 대혁명을 연구하고 나서 미국에는 혁명이 있다고 생각하지 않았습니다. 미국에는 프랑스식 혁명으로 인한 파괴가 없었다고 본 겁니다. 미국에 있었던 것은 영국으로부터 독립을 쟁취하기 위해 벌인 전쟁뿐이었습니다. 프랑스 대혁명은 위에서 아래까지 완전히 뒤섞어 놓았습니다. 폭력으로 모든 질서를 파괴했습니다. 대혁명의 무정하고 거대한 바퀴 아래 모든 것이 깔려 으스러졌습니다. 프랑스 사회는 일련의 의혹과 파괴를 경험했습니다. 사회는 광기 상태로 접어들었고 모든 공감대는 폐기됐으며 대화에 필요한 기초마저 훼손됐습니다.

미국은 이러한 대파괴, 대소동을 거친 후 민주주의를 이룩한 게 아닙니다. 미국이 건국 과정에서 기본적으로 겪은 의혹과 전복은 영국 식민지와 관련된 사항이었습니다. 영국에 대항하는 과정에서 미국인 자신이 갖고 있던 이념과 신앙은 동요하거나 파괴되지 않았고, 되레 강화됐습니다.

공동의 적과 맞서면서 단결 의식이 더 강해졌고, 이 강화된 공동 이념과 신앙에 의지해서 힘을 모아 승리를 얻어 냈습니다.

　미국인의 민주 제도에는 개인의 자유가 있습니다. 모든 개인은 타운 집회에서 자신의 주장을 내세울 권리가 있으며, 타인은 그가 침묵하도록 핍박할 수 없고 생각을 바꾸라고 강요해서도 안 됩니다. 그러나 토크빌은 이러한 자유에는 사실 한계가 있다고 일깨웁니다. 미국인의 표면적인 자유 뒤에는 더 깊고 강력한 공동의 신앙이라는 제약이 있습니다. 민주주의는 개인이 분명하고 한정된 자유를 가진 사회에서만 탄생할 수 있습니다. 대혁명 이후의 프랑스처럼 어떤 말도 할 수 있고 어떤 일도 할 수 있는, 그야말로 아무런 금기도 없는 사회는 민주주의를 낳을 수 없습니다.

　민주주의가 성립되고 안정적으로 운용돼 사회에 갈수록 다원화한 공간이 늘어나는 것은 별개의 일입니다. 단순히 기원을 살펴보면 민주주의가 성립하는 조건은 모두가 상당히 공감하는 공통된 신념을 갖는 겁니다. 개신교는 당시 미국인이 논쟁할 수도, 논쟁할 필요도 없는 공통의 기반이었습니다. 그 사회의 공감대의 범위가 넓었기 때문에 민주주의 실험을 할 유한한 공간을 확보할 수 있었던 겁니다.

토크빌은 프랑스 독자들에게 왜 프랑스에 민주주의가 성립하지 못했는지 분명하게 들려줍니다. 프랑스 사회에는 혁명 이후 민주주의에 필요한 공통의 기반이 결여되어 있었기 때문입니다. 모두가 공통의 상식을 갖고 있어야 쓸데없는 논쟁을 하지 않습니다. 그리고 나서야 비로소 이 범위 바깥의 어떤 문제를 놓고 성실하고 대담하게, 심지어는 격렬하게 논쟁을 할 수 있습니다. 이러한 상식 밖의 영역에서는 사람들마다 생각이 다르므로 자유로운 토론 과정을 거쳐서 이러한 문제들을 해결할 방법을 모색하는 것이지요. 서로의 차이를 해결하려면 결국은 사회의 일정한 공감대라는 기초가 필요합니다.

　　미국의 민주주의는 혼란한 사회를 만들어 내지 않았습니다. 원래부터 완전히 뒤죽박죽이고 무질서한 사회를 민주주의로 수습할 수는 없습니다. 민주주의는 상대적으로 안정된 공감대를 형성할 수 있는 환경 속에서 성립합니다. 이것이 토크빌의 주장이자 민주주의 사회의 조건입니다.

개인에게 더 넓고 자유로운 상상을 가능케 하는
평등한 민주주의 사회

방향을 돌려 봅시다. 평등하고 민주적인 정치 제도의
운용은 사회에 어떠한 효과를 가져올까요?

토크빌이 논의한 민주 사회의 효과는 무척 광범위합니
다. 군중이 이러한 권력 배치를 택하고 이러한 정치 조직,
정치 제도를 만들면 반드시 사회의 요소마다 상응하는 영향
을 미치고 변화가 발생합니다. 귀족제 사회는 정치권력의
배치가 민주적이고 평등한 사회와 같을 수 없고, 이로 인해
사회생활의 모든 면도 완전히 다릅니다.

평등하고 민주적인 사회는 개인의 자유로운 상상력을
극대화합니다. 고도로 구조화된 사회에는 다양한 신분 제
한이 있습니다. 예컨대 프랑스의 옛 귀족제나 인도의 더 엄
격한 카스트 제도 아래 있는 사람은 타고난 신분을 벗어날
수 없습니다. 신분이 곧 모든 것이고 신분이 세세하게 나뉠
수록 사회의 모든 사람의 위치가 고정됩니다. 따라서 개인
의 상상력은 전혀 쓸모없어집니다. 자신의 평생이 이미 다
정해졌고 현실이 미래의 전부라면 아무리 상상해 본들 무슨

소용이 있겠습니까?

사회가 평등할수록 그 구성원의 자아가 갖는 가능성도 커집니다. 다시 말해 자기 상상의 공간이 확대됩니다. 이러한 사회에서 그는 어떤 사람이 되고 싶으면 그런 사람이 될 수 있습니다. 분명하고 엄격한 틀에 속박되지 않기 때문입니다. 사람과 사람의 관계도 그에 따라 유동적으로 변합니다. 오늘의 관계가 내일이나 미래의 관계를 보장해 주지 않으니까요.

평등하고 민주적인 사회에는 반드시 변화가 나타나고 변화 가능성과 변화한다는 사실이 모든 개인의 생활에서 중요한 자리를 차지합니다. 모든 구성원은 변화를 받아들일 수밖에 없고 변화를 인정하고 변화에 적응해야 합니다. 이렇게 되다 보면 이 사회 구성원이 타인을 인식하거나 이해하는 데도 영향을 줍니다.

신분제, 예컨대 귀족제나 카스트 제도로 유지되는 사회에서는 인간에 대한 인식과 이해가 고정되고 변치 않는 부분을 중시하는 쪽으로 쏠려, 변화할 수 있다는 사실을 상대적으로 소홀히 여기게 됩니다. 카스트 제도에서 사람을 인식할 때는 먼저 그가 네 가지 카스트 중 어디에 속하는지 확인해야 합니다. 특히 그가 속한 카스트가 나보다 높은지 낮은지 반드시 확인해야 하지요. 다른 카스트에 속한 사람은 다른 방식으로 대해야 합니다. 나와 그의 관계 또한 카스트 신분의 제한과 규제를 받습니다. 가장 간단한 예를 들어 보지요. 내가 그와 함께 식사를 할 수 있는지, 심지어 그의 손에서 음식을 받아먹을 수 있는지가 카스트 신분으로 결정됩니다. 그 사람과 내가 친구가 될 수 있는지, 연인이 될 수 있는지는 말할 것도 없습니다.

고정되고 불변하는 신분이 그 사람과 나 사이를 가로막으면 그 사람에게 다가가고 인식한다는 게 불가능합니다. 우리는 전체 사회 구성원 중에서도 극소수의 개성과 사상, 행동 양식만을 접하게 됩니다. 따라서 이러한 사회에서는 미처 자각하지 못하는 습관이 생겨나서 개성과 변화를 무시하고 신분을 중시하며 불변하는 본질을 강조하게 합니다. 이러한 사회에서 사는 사람은 변하지 않는 신분을 믿고 변하는 모든 것을 믿지 못하고 불안해하는 태도를 갖게 됩니다.

그러나 토크빌은 평등하고 민주적인 사회에서는 이 모든 것이 정반대가 된다고 일깨웁니다. 평등한 사회의 구성원은 사람은 끊임없이 변화한다는 가정을 인식합니다. 특히나 미국 사회는 사람은 끊임없이 더 좋게 변한다는 강력한 집단적 신념을 갖고 있었습니다. 그렇게 변화의 가능성이 존재한다면 사람은 당연히 각 분야에서 더 노력하고 분발해 발전합니다. 물질적 대우, 정신적 대우도 좋아집니다. 더 좋은 생활을 누리고 싶으면 더 높은 사회적 지위가 필요합니다. 평등하고 민주적인 사회, 변화를 중시하는 사회에서 사람들은 자신이 끊임없이 좋아질 거라고 믿습니다. 평등하고 민주적인 사회에서 사람은 자신을 가볍게 여기지 않기 때문에 한 사람을 알게 된다는 것은 그와 나의 관계를 이해하고 파악하게 된다는 뜻이 됩니다. 여기에는 내가 잡기만 하면 안심할 수 있고 충분하다고 느끼게 하는 어떤 간단하고 고정된 것이 전혀 없습니다. 타인을 인식할 때 우리에게 진정 필요한 것은 어떤 당면한 사실이 아니라 그의 변화 잠재력, 그가 완벽해질 가능성, 그가 더 좋은 길을 선택하고자 찾고 추측하는 능력입니다. 변화의 가능성, 변화의 방향은 어떠한 불변하는 성질보다 그에 대한 우리의 관점이나 의견을 형성하는 데 도움이 됩니다.

은수저를 물고 태어나 부귀한 가정에서 자란 사람이라도 미국 사회에서는 가만히 있으면 존경받을 수 없습니다. 존경을 받으려면 끊임없이 자기 능력으로 위로 올라가고 자신을 갈고닦으며 발전해야 합니다. 『프랭클린 자서전』을 읽어 본 적이 있습니까? 이 책은 미국 역사상 가장 많이 팔린 책이고 가장 중요한 자기계발의 고전입니다. 이 책은 미국인의 마음속에 있는 '성공'이 무엇인지 정의합니다. 이 책은 스스로 성공한 사람의 이야기입니다. 그는 선천적으로 타고난 장점에 의존하지 않고 끊임없는 노력과 강인한 분투, 자신의 지식과 지혜, 의지와 용기로 모든 불리한 조건을 극복하고 자기 자신을 가치 있는 사람으로 빚어냈습니다.

프랑스에서 사람들은 상대방이 어떤 옷을 걸쳤는지, 얼마나 부자인지, 명예와 신분, 지위는 어떠한지를 놓고 부러워합니다. 그러나 미국에서 사람들이 부러워하는 것은 상대방이 소유한 것과 무관합니다. 더 중요한 것은 그 사람이 겪은 특별한 과정과 그 과정에서 그 사람이 치른 대가, 분투와 노력입니다. 아무런 분투와 노력이 없었다면 그 사람이 아무리 많은 것을 가졌다 해도 진정한 존경은 얻지 못합니다.

미국 사회를 앞으로 미는 진보를 예측하다

미국 사회는 인간이 완벽해질 수 있다는 가능성을 강렬하게 믿습니다. 인간은 좋게 변할 수 있고, 완전을 향해 나아가며, 더 나아가 인간은 끊임없이 자신을 개조할 책임이 있어서 더 좋게 변화하고 더 완벽해질 수 있다고 봅니다. 변화를 강조하는 이러한 신념의 영향은 깊고도 넓습니다.

구조화한 사회에는 이익을 많이 누리는 사람이 있고, 동시에 큰 발언권과 결정권을 가진 사람이 있습니다. 귀족제 아래에서는 물론 평민이 아닌 귀족이 공공사무를 결정합니다. 그렇다면 귀족은 이런 구조를 깨려고 할까요, 아니면 유지하려고 할까요? 이 구조 안에서 우위를 점하고 여러 특권을 누리고 있는 그가 이 구조를 왜 깨려고 하겠습니까? 구조가 결정된 사회에서는 자연스럽게 '변하지 않는 것이 옳다', '변하지 않는 것이 좋은 것이다'라는 이데올로기가 만들어지는 경향이 있습니다.

상대적으로 평등하고 민주적인 사회에서는 위아래로 서로 움직일 수 있는 가능성과 기회가 있고 '변동'과 '변화'를 당연하게 여깁니다. 반대로 '불변'은 '정체', '응고' 등의 부정적인 인상을 주어 회의되거나 배척됩니다. 변동, 변화를 믿고 지지하면 내일, 미래가 더 나빠지고 엉망이 될 거라는 사실을 인정하지 않고 내일, 미래에는 더 좋아질 기회가 있다고 믿게 되지요. 이러한 평등하고 민주적인 국가인 미국은 근본적인 진보의 가치를 만들었습니다. 진보에 대한 기대와 준비는 그들의 사회생활에서 중요한 부분이었습니다.

토크빌은 미국에서 만든 배에서 한 미국 선원에게 물었습니다.

"왜 당신들이 만든 배는 유럽 것보다 거칠고 조악해 보일까요? 조금 더 안정적이고 견고하게 만들 수 없습니까?"

이 선원은 당당하게 대답했습니다.

"우리가 10년, 20년, 50년을 탈 배를 기대하겠어요? 10년 뒤에는 선박 건조 기술이 변할 거고, 20년 뒤의 선박 건조 기술은 더 발전하겠지요. 왜 지금의 부족한 기술로 그토록 오래갈 배를 만들어야 하지요? 그때가 되면 더 좋은 기술이 나와서 유용하게 쓸 수 있지 않을까요?"

이 대화는 더 이상 분명할 수 없을 만큼 미국인 마음속에 자리한 진보에 대한 신념을 뚜렷하게 보여 줍니다. 진보적 변화를 예측하는 심리 때문에 미국인은 유럽인이 배를 만들 때와는 아주 다른 태도를 선택했습니다.

　유럽의 오래된 귀족 전통 아래서 재산은 당연하게도 소수 사람에게 속합니다. 이들 소수의 사람은 재부를 어떻게 운용할지 정선된 훈련을 받습니다. 중국 속담 중에 이런 말이 있지요. "부富가 3대는 가야 먹고 입는 법을 안다." 이들 소수 사람 외의 사람은 재산을 어떻게 운용해야 할지 모릅니다. 그들은 재산과 아무런 관련이 없고 부자였던 적이 없습니다. 어떻게 재산을 운용해야 할지 생각할 필요도 없습니다. 생각해 본들 무엇하겠습니까? 생각해 봤자 자신이 가난하다는 사실을 깨닫고 고통만 더할 뿐인데요.

　재산은 귀족 사회의 개념입니다. 작은 단체 내부에서 고정된 방식으로 운용돼 대다수의 사람과 무관합니다. 미국은 상황이 달랐습니다. 평등하고 민주적인 사회에서는 어느 누구도 재산 밖으로 철저하게 배제된다고 느끼지 않습니다. 모든 사람이 자신도 재산을 가지고 누릴 기회가 있다고 예상합니다. 미국에서는 모든 사람이 부자가 될 순 없어도 부자가 되겠다는 희망을 가지고 있습니다. 이것은 그들의 생활에서 매우 중요한 부분입니다. 재산에 대한 기대는 그들의 마음속에 재산에 대한 상상을 낳고 '부자 연습'을 하게 합니다. 가난한 사람이 손에 돈 한 푼 없어도 마음속으로는 재산이 생길 거라고 생각하는 겁니다.

그래서 사람들은 정말 부유해질 뿐 아니라 일찌감치 '재산에 대한 기대'와 '부자 연습'을 준비합니다. 이는 미국인 대부분이 영위하는 일상생활에 영향을 주고 삶을 바꿉니다. 그들은 다양한 방식으로 재산과 접촉하다가 가장자리의 부분적인 재산에 만족하기도 하지요. 호화로운 주택을 가질 수 없는 사람은 도시 외곽의 값싼 지역으로 가면 그나마 조금 더 넓은 집을 살 수 있습니다. 옷장에 명품 옷 60벌을 가질 수 없는 사람이 루이비통 가방을 세 개 산다면 그중두 개는 길거리에서 파는 짝퉁입니다. 이것이 '재산에 대한 기대', '부자 연습'이 낳은 생활 방식이고 소비 방식입니다.

평등한 사회의 구성원은 늘 생각합니다. 돈이 있다는 게 뭘까? 어떤 사람이 돈이 있는 사람일까? 돈이 있으면 뭘할까? 돈이 있는 사람은 어떨까? 이는 불평등한 귀족 사회에서는 나타날 수 없는 현상입니다. 귀족 사회에서는 평민이 귀족이 될 가능성이 없고 평민이 귀족이 되는 연습을 하거나 귀족처럼 소비하는 것을 상상할 수 없습니다.

평등한 사회라야 토크빌이 말한 '사치스러운 위선'hypocrisy of luxury이 나타날 수 있습니다. 이 말은 겉으로는 호화롭지만 안으로는 진정한 재산의 토대가 없음을 가리킵니다.

미국에서는 겉으로 호화롭게 보이는 사람이 실제로 호화로운 생활을 하는 사람보다 몇 배나 많습니다. 한편으로는 뽐내고 싶어 하는 심리에서 비롯된 것이겠지만, 다른 한편으로 심층적인 이유는 그들이 이러한 방식으로 끊임없이 일상에서 재산이 많고 호화롭게 됐을 때를 연습하기 때문입니다.

이러한 과정에서 순환 효과가 나타납니다. 재산에 대한 기대는 '사치스러운 위선'을 자극하고 재산의 겉모습을 모방하면서 더욱 강렬하게 재산을 추구하는 충동을 가져옵니다. 재산을 추구하는 충동은 물론 재산을 획득할 기회를 늘림으로써 재산을 획득하겠다는 기대를 가져야 하는 이유를 만들어 줍니다.

이러한 사회에서 사람들은 수시로 이중생활을 하게 됩니다. 하나는 현실의 재산 수준, 현실의 지위에 걸맞게 생활하는 것이고, 다른 하나는 '위를 향한 모방'으로, 자신이 더 재산이 많다고 생각하며 생활하는 것입니다. 전자는 안의 생활이고, 후자는 밖의 생활입니다. 물론 이것은 억지로 만든 대강의 분석법입니다. 현실에서는 이 두 가지 생활이 애매하게 한데 섞여 있지요. 경계가 명확하지 않습니다. 사람들은 모두 현실을 뛰어넘은 재산과 신분을 한껏 상상하면서 생활합니다.

'재산에 대한 기대', '부자 연습', '위를 향한 모방'은 모두 사회의 중요한 동력이며 사회의 변화를 이끕니다. 이러한 사회는 동력이 부족하지 않습니다. 매일 모든 사람의 생활에서 동력이 나오기 때문입니다. 사람들이 자신이 이미 가진 사회적 위치에 안주하지 않기 때문에 당연하게도 사회는 정체되거나 고정되지 않습니다.

대중성과 실용성은 '좋음'을 판단하는 기준

평등하고 민주적인 사회에서 사람들은 '진보'를 믿고 자신에게 위로 올라갈 기회가 있음을 믿으며 더 좋아질 거라고 믿습니다. 이러한 관념에서 관건은 바로 무엇이 진보이고 무엇이 위인가 하는 점입니다.

전통적인 귀족제 사회에서 무엇이 위이고 무엇이 좋은가, 어떠한 변화를 진보라 부르는가는 기본적으로 소수의 권위자가 정합니다. 이들은 신분과 지위를 갖추고 지식과 학문을 추구할 여유가 있으며 자신의 지식과 학문적 권위에 기대어 사람들에게 무엇이 좋은지 말해 주고 그 방향으로 가는 것이 진보라고 말합니다. 사회에서 대부분의 사람은 자신에게 주어진 결론을 수동적으로 받아들일 뿐입니다.

미국은 그렇지 않습니다. 미국에서는 정해진 일군의 소수 엘리트가 답안을 제공하는 일이 없습니다. 평등하고 민주적인 환경에서 퍼블릭 오피니언public opinion은 가장 중요한 대답의 출처입니다. 퍼블릭 오피니언은 보통 '대중의 의견' 또는 '여론'이라 번역됩니다. 이러한 맥락에서 특별히 중요한 것은 그 속에 있는 대중성입니다. 타인이 어떻게 생각하는지 보고 대부분의 사람이 어떻게 생각하는지 보아, 가장 많은 사람이 생각하는 것이 바로 답입니다. 옳든 그르든 주로 여론에 기대어 결정을 합니다. 여론 중시는 민주 사회의 필연적 현상입니다. 여론은 새롭고 지고한 권위가 됩니다. 여론 앞에서는 개인 의견이나 전문가의 의견이나 모두 고개를 숙입니다.

이 사회는 표면적인 것을 많이 추구하고 창조하며, 빠르게 만족을 얻고자 합니다. 모두가 내일은 상황이 바뀔 것이며 사회는 갈수록 새로워지고 좋아질 거라고 가정하기 때문에 군이 오래갈 물건을 만들려고 할 이유가 없습니다. 마찬가지로 불변하는 가치와 신념을 죽도록 지켜야 할 이유도 없지요.

변동이 지속되는 과정에서 옳고 그름, 아름다움과 추함을 포함하는 가치 판단은 두 가지 중요한 바탕 위에서 세워집니다. 하나는 타인은 어떻게 보는가, 대다수의 사람은 어떻게 보는가입니다. 다른 하나는 실용주의입니다. 이런저런 물건이나 일에 쓸모가 있는지 없는지 판단하는 겁니다. 토크빌은 관찰했습니다. 그리고 미국을 대신해 걱정했습니다. 평등하고 민주적인 사회에서 공감대를 형성하기 쉬운 판단 기준은 실제적이고 유용한가 하는 것입니다. 많은 사람을 설득하기에 가장 편리하니까요. 평등하고 민주적인 사회에서 실제적이고 실용적인 것을 강조하면 순수하게 지식과 지혜를 추구하고 축적하는 데 소홀해집니다.

미국은 응용과학과 과학기술이 발달했습니다. 그러나 이러한 응용과 기술은 과거 유럽 귀족 사회가 만들어 낸 기초 과학의 순수 지식에 기초를 두고 있습니다. 응용과 기술만 발전하고 순수한 기초 지식에 노력을 지속하지 않을 경우, 일단 기초가 무너지면 응용과 기술은 금세 더 이상 나아갈 수 없게 됩니다. 이는 토크빌이 관찰한, 평등하고 민주적인 사회가 빠질 수 있는 함정입니다.

각별히 주의해야 할 대목은 토크빌이 중국을 사례로 산

아 대조하며 설명했다는 점입니다. 극동과 접촉하기 시작했을 때 유럽인은 유럽보다 선진적인 중국의 수많은 기술을 경이로운 눈으로 바라보았습니다. 그러한 기술의 성취를 본 유럽인은 눈이 휘둥그레지고 입을 다물지 못했지요. 그러나 중국인에게는 기초 과학을 연구하는 정신과 습관이 결여돼 있었습니다. 그저 조상들이 발명한 기술을 대대로 전했을 뿐이어서, 유럽인보다 앞서서 가지고 있던 기술적 우세는 빠르게 사라졌고, 곧 유럽인에게 추월당하고 말았지요. 토크빌은 미국의 발전은 전통 중국과 마찬가지여서 기술이 있어도 과학 지식의 기초가 없으면 금세 원래 가지고 있던 기술 성취를 잃을 거라고 내다봤습니다.

토크빌의 이러한 예언은 분명히 착오였습니다. 역사에서 보면 미국은 순수 지식을 가볍게 여기고 기술과 응용만을 중시하는 국가가 아닌 전 세계 과학 연구의 중심이 됐습니다. 그러나 평등한 사회가 발전하는 경향에 대한 토크빌의 경고는 유념해 논의해야 합니다.

차이를 따지지 않으니 디테일을 따지지 않는다

평등하고 민주적인 사회에서는 어떤 집단생활의 철학이 가능할까요? 그 집단의 사상에 어떤 특색이 있을 수 있을까요? 실제적이고 실용적인 것을 빼고 나면 귀족 사회와 다른 어떤 정신이 남을까요?

귀족 사회에서 '차이'를 따진다면 민주 사회에서는 '보편'을 중시합니다. 전자는 '다름'을 추구하고, 후자는 '같음'을 추구하는 사회입니다. 그 영향으로 평등하고 민주적인 사회는 연결에 익숙합니다. 온갖 종류의 다양한 사람이 함께 연결되면서 자기들 사이의 공통성을 찾아냅니다. 또한 온갖 종류의 다양한 일이 함께 연결되면서 일들 사이의 공통성을 찾아냅니다. 그런 과정에서 보편적 방법과 일반적 이치가 도출됩니다.

귀족제 사회에서 사람은 자신도 모르게 구분하는 눈으로 이 세계를 바라보고 분류하며 그렇게 분류한 것을 인식의 실마리로 삼습니다. 부문별로 나눈 다음 한 가지 사건, 한 가지 현상을 하나씩 깊숙하게 캐고 들어갑니다. 이는 사실상 기초 과학을 연구하는 방법입니다.

하지만 미국인은 세계를 이렇게 보지 않는다고 토크빌은 말합니다. 구조가 깨져 버린 사회에서는 사람과 사람 사이의 차이가 존재할 수 있지만 그 차이가 유럽처럼 뚜렷하고 두드러지지 않습니다. 아울러 다른 현상 간의 차이도 희미합니다. 수많은 유럽인의 눈에는 뚜렷하고 달라서 절대로 같이 놓일 수 없는 현상이 미국에서는 함께 연결되고 그 사이에 서로 통하는 이치가 보입니다. 미국인은 습관적으로 유사성을 봅니다. 조금이라도 비슷한 것을 함께 두는 데 습관이 되어 있고 개별 원칙이 아닌 보편 원칙으로 세계를 이해합니다.

토크빌은 평등하고 민주적인 사회는 차이를 별로 따지지 않고, 따라서 세부를 따지지 않는다고 생각했습니다. 그가 모범으로 제시한 증거는 언어입니다. 영국인과 미국인이 사용하는 영어를 비교한 겁니다. 토크빌은 이미 언어가 사고의 도구라는 개념을 지니고 있었습니다. 사람이 어떻게 말하는지가 직접적으로 그의 사고에 영향을 미친다고 보고, 머릿속에 어떤 언어를 가지고 있으면 그 사람은 그 생각을 하는 거라고 여겼습니다. 사람은 언어가 없으면 사고를 할 수 없습니다. 머릿속에 어떤 단어가 있고 어떤 문법을 사용하는지는 한 사람이 무엇을 생각하고 생각하지 않는지를 결정합니다.

그러므로 나서부터 익힌 언어든 학습한 외국어든 표면적인 차원에서 언어를 바라보는 것에 머물지 말아야 합니다. 우리는 어떻게 말하는 것이 옳고 좋다고 교육을 받습니다. 이러한 말하기 방식과 말하기 능력이 확대되면 우리 마음속의 근본적인 가치관에 직접 영향을 미칩니다. 언어를 통해 어떤 논리, 어떤 이치를 쉽게 받아들이면 비교적 풍부한 자원을 가지고 사고할 수 있게 됩니다. 대신 그 밖의 논리와 이치로는 진입할 수 없고 이해할 수 없으며 사유할 수도 없습니다. 이것이 우리 삶의 기본 모델을 결정합니다.

그러므로 외국어 학습의 가장 큰 의의는 사고 도구를 늘리고, 나아가 사고 범위를 확장하는 데 있다고 할 수 있습니다. 한 가지 언어를 많이 공부해서 그 언어를 풍부하게 습득하고 그 언어의 문법 규칙을 깊숙이 내면화하면 자연스럽게 더 많이 느끼고 생각할 수 있게 됩니다.

사고와 말하기는 뗄 수 없는 동전의 양면입니다. 우리는 그저 생각만 훈련할 수 없습니다. 올바른 언어 도구가 없다면 생각은 형성될 수 없습니다. 거꾸로 사고가 바탕에 없는데 그저 말하기만 훈련하는 것도 불가능합니다. 생각이 없는데 제대로 된 말을 하기는 어렵겠지요.

1830년대에 토크빌은 언어와 사고의 긴밀한 관계를 통찰하고 있었습니다. 그는 영국식 영어와 미국식 영어를 분석하고, 그 과정에서 미국인의 다른 생각과 논리, 사고방식을 발견했습니다. 그는 영어가 미국에 건너간 뒤 변화가 늘어나고 그중 '비기능성'을 띤 변화가 많다는 점을 알아챘습니다. 다시 말해 새로운 환경에 처해 새로운 현상을 묘사하고 새로운 사물에 대해 논의하려다 보니 언어에 새로운 부분이 추가됐다는 것입니다. '비기능성'의 변화는 변화를 위한 변화입니다. 곧 변하지 않아도 아무 상관이 없지만 미국 같은 사회에서는 변화한 것이지요.

영국인은 미국에 가서 미국인이 하는 이야기를 들으면 늘 묘한 느낌을 받습니다. 영국식 영어로 한마디면 분명하게 해결되는데도 미국인은 굳이 그 표현을 쓰지 않고 자기식의 표현으로 바꿉니다. 게다가 여기 사람들이 이렇게 말하면 저기 사람들은 또 같은 방식으로 말하지 않고 자기네만의 방식으로 말하기를 고집합니다. 바뀐 미국식 영어가 실제로 기존의 영국식 영어보다 좋은 점을 하나도 찾을 수가 없는데도 말이죠.

언어를 운용할 때 미국인은 평등하고 자유롭기 때문에 이질성이 큽니다. 그들에게는 영국 사회에서 사용하는 것과 같은 언어 규율이 없습니다. 영국인 열 사람이 'integri-ty'(진실성)라는 단어를 쓸 때 여러분이 그들에게 그 단어의 의미를 설명해 달라고 요청한다면 열 사람이 대체로 비슷한 대답을 해 줄 겁니다. 그러나 미국인은 다릅니다. 열 사람이 'integrity'라는 단어를 설명하면서도 제각각 생각이 다릅니다. 같은 단어를 쓰는데 뜻은 대단히 이질적일 수 있습니다.

평등하고 민주적인 사회에서 언어는 갈수록 난잡해지고 바뀝니다. 하루걸러 옛 글자에 새로운 뜻이 생기고 한 주 걸러 새로운 단어가 생겨나며 한 달 걸러 새로운 문법이 나타납니다. 언어가 끊임없이 팽창하면 언어는 갈수록 부정확해지고 사람과 사람 사이의 소통도 갈수록 어려워집니다. 말은 많아지지만 상대적으로 소통의 효과는 갈수록 감소하기 때문입니다.

정전正典이 되는 미국 언어, 문학과 시가 없다

젊은 시절 『미국의 민주주의』를 처음 읽었을 때는 이 말에 거의 아무런 인상도 받지 못했습니다. 나이가 들어 다시 읽으니 느낌이 오더군요. 왜냐하면 최근 10여 년간 내가 처한 타이완 사회의 평등과 민주에 큰 변화가 생겼기 때문입니다. 언어와 문자는 집단 규율이 있고 규율을 세우고 양성하는 기제도 있습니다. 평등과 민주의 효과 중 하나는 고정된 전범이 사라진다는 겁니다. 원래 모든 사람이 꼭 읽어야 하거나 학습해야 하는 언어와 문자의 본보기가 없어지거나 또는 원래 본보기가 존재한다 해도 그 규범의 강도가 크게 약화됩니다.

평등하고 민주적인 사회에서 누가 여러분에게 어떤 건 읽으면 안 되고 어떤 건 배우면 안 된다고 하던가요? 누구에게 그런 말을 할 자격이 있습니까? 또 그런 말을 한다 한들 누가 그 말을 듣고 따르겠습니까? 이런 상황에서 원래 있던 언어 규율은 당연히 추락합니다.

이러한 현상이 100여 년 전 미국에서 나타났습니다. 토크빌의 말을 빌리면 이런 상황이 됐습니다.

"모든 세대의 미국인은 새로운 사람이고 새로운 종의 사람이다. 그들은 옛사람이 읽어야 한다고 생각한 전범을 읽어야 한다고 생각하지 않는다. 모든 세대는 지속적으로 변화하고 있으므로 진정한 구속력을 가진 정전正典, canon이란 것은 사라졌다. 정전이 없으니 내면화되고 일치된 언어 규율이 없어지고, 언어와 문자를 운용하기 위한 연구도 없어지며, 과거 유럽의 정확하고 연구된 언어, 문자와 문학도 없다."

토크빌은 책에서 분명하게 설명합니다.

"미국은 문학이 없는 곳이다. 적어도 유럽인이 인정할 만한 문학은 없다. 또한 미국에 문학이 없는 것은 우연이 아니라 평등하고 민주적인 정치 구조 아래에서 만들어진 사회의 필연이다."

토크빌은 유럽인이 인정한 문학이 무엇인지 해설합니다. 이 문학은 문자 형식상의 연구가 있고 정교하고 자세한 방식으로 쓰이며 시간적 여유가 있는 소수의 엘리트가 천천히 감상할 수 있도록 주어지는데, 미국에서는 이러한 시간적 여유와 정교한 품행과 취향을 갖춘 계층이 없으므로 그러한 문학이 있을 수 없다는 겁니다.

토크빌은 이러한 추론을 살짝 보류하기는 했습니다. 미국에 완전히 문학이 없는 것은 아닌데, 미국에 문학이 있다 해도 그것은 유럽에 있는 것과 같은 문학일 수는 없다고 말입니다. 미국에서 나올 가능성이 가장 높은 문학은 상업화된 문학, 오늘날의 말로 표현하면 베스트셀러입니다. 그것이 어떤 종류의 문학인지 토크빌은 직접적이고 간결하게 말합니다. 바로 "모든 사람이 읽고 모든 사람이 무시하는" 작품입니다. 토크빌은 이러한 작품이 미국 문학의 미래일 거라고 짐작했습니다.

　토크빌의 이러한 논의에는 사실 근거가 있습니다. 그가 『미국의 민주주의』를 집필할 당시는 미국이 건국된 지 60년이 됐을 때인데, 아직까지 그럴듯한 문학 작품이 나오지 않았습니다. 유럽인의 관점에서 보면 미국은 문학의 사막이었고, 읽을 만한 어떠한 작품도 생산하지 못하는 나라였습니다. 그러나 역사적으로 보면 토크빌의 이러한 예언은 틀렸습니다. 미국은 결핍된 문학, 온전히 감상할 수 없는 문학만 써낼 뿐, 뛰어난 문학 작품을 생산할 능력이 없는 사회가 아니었습니다. 미국 문학은 발걸음은 늦게 내디뎠지만 20세기에 이르러 진정한 빛을 내뿜었습니다. 그러나 어떤 의미에서는 토크빌의 말이 옳기도 합니다. 미국의 문학 걸작은 과연 유럽에 원래 있던 문학 걸작과 현저하게 차이가 나는, 완전히 다른 종류의 작품이었습니다. 20세기 들어 미국 문학이 갈수록 높은 자리를 차지하게 된 이유 중 하나는 유럽을 포함한 전 세계가 평등과 민주를 지향하는 방향으로 나아갔기 때문입니다. 평등하고 민주적인 사회는 기존의 옛 문학 형식, 문학적 품위를 유지하지 못하는 다른 종류의 문학을 출현시켰습니다.

흥미로운 것은 미국에 문학이 없는 현상을 설명한 후 토크빌이 다른 장에서 시를 논한다는 점입니다. 그는 먼저 시가 무엇인지 정의합니다. 그가 말하는 시의 정의는 19세기에는 무척 선진적인 것이었습니다. 그는 압운을 하고 안 하고는 시를 판단하는 가장 중요한 기준이 아니라고 주장했습니다. 그에 따르면 중요한 것은 "시가 현실을 재료로 이상적인 경지를 묘사하는" 것이었습니다. 문학에서 묘사하는 것이 신화도 아니고 천당과 지옥도 아닌 현실 세계라 해도, 시의 목적은 현실에 이미 존재하는 것을 인용하고 전달하는 게 아니라 현실에 결핍된 것을 창조하고 형상화하는 것이며, 현실을 뛰어넘는 것이었습니다.

이러한 시가 미국에서 어떤 의미일까요? 토크빌의 한 가지 결론은 충분히 예상할 수 있습니다. 시는 미국에서 발전하기 어렵다는 겁니다. 평등이 현실을 가져다주고, 사람마다 당장 눈앞에서 만지고 잡고 누릴 수 있는 것이 있는데, 어떻게 '시의 충동'이 나타나겠습니까? 어떻게 현실을 뛰어넘어 이상을 만들고자 하는 충동을 낳을 수 있겠습니까? 따라서 시는 이 사회에서 중요할 수 없었습니다.

그러나 말끝을 돌린 토크빌은 이렇게 덧붙입니다.

"끊임없이 변화하는 이런 사회에서 다른 종류의 갈망이 생겨나 미국이 다른 종류의 시를 쓰도록 자극한다면 그것은 유럽에는 없는, 또는 유럽에 있다손 치더라도 중시되지 않는 다른 종류의 시가 주류가 될 것이다. 만약 앞으로 훌륭하고 빼어난 미국 시가 나온다면 그 내용은 아마도 움직이지 않고 변하지 않는 자연을 묘사하는 내용일 것이다. 미국인은 빠르게 변동하는 사회 환경에서 살고 있으니 변동이 생활의 기본 전제인 만큼 변화는 시가 뛰어넘어야 하는 핵심적인 현실이 되는 것이다. 시가 드러내고자 하는 이상은 상대적으로 불변하고 변동이 극히 완만한 대자연을 통해 표현될 수 있다."

휘트먼이 등장하기 전 토크빌은 이렇게 정확히 예언했습니다. 확실히 미국의 시, 나아가 미국의 철학에서 가장 중요한 발전은 대자연과의 결합, 대자연에 대한 관찰과 사유 속에서 드러납니다. 넓은 의미의 시poetry and poetics는 대자연을 향합니다. 소로와 에머슨 등이 그러한 경향을 대표하는데, 그들은 자연을 가까이하고 자연을 숭배하면서 종교, 철학 및 미학과 결합한 '초월주의'를 발전시켰습니다. 이는 미국 사상의 큰 흐름이며, 불변하는 대자연을 핵심 가치의 근원으로 삼습니다.

미국의 민주주의와 관련이 없어도
깊이 생각해 볼 만한 관찰

토크빌은 박학다식한 사람인 데다 관찰하는 안목도 예리했습니다. 그의 이론, 특히 『미국의 민주주의』 2권의 내용을 읽고 이해할 때는 세 가지를 염두에 두어야 합니다.

첫째, 그의 책을 통해 19세기 미국 사회를 이해하고자 할 때 민주주의, 정치 제도뿐 아니라 미국 사회 전체의 독특한 성격이 토크빌의 관심 범위에 들어 있음을 알아야 합니다.

둘째, 토크빌은 미국을 '민주주의의 원형'으로 삼아 논의합니다. 따라서 미국을 뛰어넘는 다양한 관찰과 사유가 있을 수 있습니다. 그가 맞닥뜨린 보편 과제는 민주주의를 권력 배치의 원칙으로 채택해 받아들이고 민주적인 방식으로 정치 체계를 조직할 때 그에 상응해 사회에 어떤 효과가 나타나고 그것이 사회를 어떻게 변화로 이끄는가 하는 점이었습니다. 이러한 사유는 200년이 지난 지금도 여전히 유효하며 오늘날 우리의 현실 상황을 비추어 볼 수 있는 거울 역할을 합니다. 간혹 어떤 부분은 황당할 정도로 잘못 분석한 경우도 있지만, 잊어서는 안 됩니다. 적어도 민주주의 사회의 문제와 숨은 근심을 언급할 때 그가 올바르게 지적한 대목은 놀랍도록 많습니다.

셋째, 책에는 미국, 민주주의와 직접적인 관계가 없는 부분이 있습니다. 그것은 토크빌이 글을 쓰는 과정에서 파생된 것입니다. 이 대목도 무척 가치가 있고 그의 박학다식과 통찰을 드러냅니다.

가령 미국의 종교 상황을 분석할 때 그는 이슬람교와 기독교를 비교하는 대목을 추가합니다. 그는 무함마드가 창시한 이슬람교는 전면적인 종교로서 신앙 차원뿐 아니라 신자가 뭘 믿고 마음속으로 무슨 생각을 하는지 관여하고, 의식을 지킨다거나 계율을 따르는 등 겉으로 드러나는 신자의 행위에도 관여하며, 그들이 함께 모여 생활할 때 어떤 식으로 정치를 운용해야 하는지도 관여한다고 지적합니다.

관여하는 것이 너무 많고 세세해서 이슬람교는 기독교처럼 널리 전파될 수 없었습니다. 특이한 것은 기독교가 이토록 널리 오랫동안 전파되어 가장 큰 영향력을 미친 근본 이유가 기독교에 제한된 측면이 있어서 신자가 세속 생활을 할 때는 종교와 상관없이 사는 것을 용인하기 때문이라는 겁니다. 특히 미국에서 기독교는 기본적으로 정신적 측면에만 관여할 뿐 사람들의 일상 행위와는 갈수록 아무런 관련이 없어졌습니다. 19세기 미국에도 여전히 교회는 있었고 점점 더 많이 변화했지만 교회가 관할하는 범위는 줄곧 축소됐습니다. 그저 '영혼에 속한' 제한된 영역에만 관여하고 다른 영역에는 개입하지 않았습니다. 하물며 정치는 말할 것도 없지요.

토크빌은 기독교가 현대 사회에서 넓게 분포해 영향력을 가질 수 있는 이유가 상대적으로 이슬람교가 너무나 많은 일과 사소한 것까지 관여해서 신자가 지켜야 할 규약이 너무 많아졌고, 이것이 현대 생활과 강하게 충돌하여 많은 사람이 기독교를 선택하고 이슬람교를 포기했기 때문이라고 보았습니다. 이 관찰은 무척 의미 있고 계발적입니다.

기독교의 발전을 논의할 때 우리는 토크빌의 탄탄한 역사적 소양과 민감한 역사관을 보게 됩니다. 기독교는 로마제국 치하에서 빠르고 눈부시게 성장했습니다. 로마 황제에게서 여러 차례에 걸쳐 잔혹한 핍박과 박해를 받았는데도 성장 속도가 늦춰지지 않은 이유가 무엇일까요? 토크빌이 내놓는 답은 사회 구조적인 해석입니다. 로마 제국의 사회 구조는 황제와 귀족 그리고 평민 사이의 거리가 끊임없이 멀어졌는데, 이 때문에 일반이우 황제의 권위를 대한 때 철저히 무력하게 느꼈고 중간에서 황제의 권위에 접근할 수 있도록 다리를 놓아 주는 사람도 없었습니다. 모든 평민끼리는 황제와 비교해, 상대적으로 차이가 없어졌습니다. 내 재산이 이 사람보다 300달러가 많고 저 사람보다는 50달러 적다고 합시다. 하지만 우리 모두가 황제보다 5,000만 달러가 적다고 치면 우리 사이의 차이에 무슨 의미가 있겠습니까? 절대적인 권위 앞에서 일반인은 모두 평등합니다.

이러한 사회 구조, 이러한 사회 배치에서 사람들은 예수 그리스도의 속죄 개념을 쉽게 받아들였습니다. 예수 그리스도 또한 절대적 권위를 지녔지만 일반인 사이에 내려와서 평등하게 고통과 치욕을 받았습니다. 이러한 삶의 이야기는 당연히 로마 제국의 평민 백성을 감동시켰을 겁니다.

이러한 역사적 해석은 민주주의와는 무관하고 미국과도 상관이 없지만 우리에게 읽는 재미와 귀한 사상적 자극을 줍니다.

8

모든 곳에 미치게 된 '평등'의 효과

토크빌은 평등이 인류의 미래라고 예언합니다. 그는 미국을 최초의 모범으로 삼았고, 200여 년 후 우리는 토크빌이 본 미래가 우리가 지금 목도하는 현실임을, 대부분이 미국의 손을 거쳐 만들어졌음을 압니다. 미국은 19세기에 점점 흥성해, 20세기에는 전 세계적인 강대국이 되었습니다. 이 과정에서 나온 성과가 바로 우리가 민주주의와 평등을 주류로 삼는 세계에 살 수 있도록 결정한 겁니다.

대혁명은 박애가 무서운 것임을 증명했다

토크빌은 민주주의를 탐색하고자 미국을 연구 대상으로 선택했지만 미국을 연구함으로써 민주주의를 더 깊이 이해하게 됐습니다. 또한 그는 미국의 민주주의를 '평등'에서 논하기 시작했고, 민주주의가 평등의 가치와 이념 위에서 자라난다고 말했습니다.

이는 토크빌이 프랑스 대혁명을 검토한 내용과 연관되어 있습니다. 프랑스 대혁명의 3대 구호는 자유, 평등, 박애로, 이 말들은 그의 책 속에서 쩌렁쩌렁 울립니다. 이 세 가지는 인류의 가장 귀한 자질이지요. 그러나 세 가지 구호는 각각 보기에는 좋아도 함께 모아 놓고 곰곰 생각해 보면 건

보기만큼 아름답지 않습니다.

　자유, 평등, 박애는 각각 사람을 끄는 대목이 있고, 일부 사람의 격정을 자극합니다. 그리하여 어떤 이는 자유에 끌렸고, 어떤 이는 평등에 끌렸으며, 어떤 이는 박애에 끌렸습니다. 이들이 한데 모여서 혁명의 드높은 기세를 만들어 내고 구체제를 뒤집어엎는 데 성공했습니다. 하지만 조금만 자세히 생각해 보면 곧 알 수 있습니다. 이 세 가지 구호, 이 세 가지 고귀한 목표가 서로 모순되고 충돌한다는 사실을 말입니다. 치밀하게 사유하는 토크빌은 이 세 가지 사이의 긴장 관계를 발견했습니다. 피비린내 나는 혁명 과정을 겪은 토크빌은 자유, 평등, 박애 세 항목 중에서 명확하게 한 가지 항목을 선택했습니다. 그가 선택한 항목은 평등이었습니다. 그는 평등이 혁명에서 얻은 견고한 답이라 생각했고 인류 미래의 진정한 목표이며 운명이라고 여겼습니다.

　『미국의 민주주의』 2권에서 토크빌은 평등과 자유의 관계를 한 장을 할애해 해설하고, 특히 평등이 왜 자유보다 중요하며 어째서 평등이 사람 마음속에 자유보다 더 높은 열정을 자극하는지 설명합니다. 이 장에서 대혁명 때 그토록 유명하고 그토록 쩌렁쩌렁 울렸던 구호를 회상하는 내용을 읽노라면 자연스럽게 한 가지 큰 문제가 떠오릅니다. '자유, 평등, 박애에서 박애는 어디로 갔는가? 어째서 자유와 평등만 남고 박애는 제대로 언급조차 되지 않는가?'

표면적인 해석 중 하나는 박애가 민주주의와 무관하다는 것입니다. 그러나 토크빌의 또 다른 명저 『앙시앵 레짐과 프랑스 혁명』을 읽으면 심층적인 해석이 있다는 사실을 알게 됩니다. 대혁명은 박애가 무서운 것임을 증명했다는 해석입니다.

박애는 프랑스어로 'fraternité'이며, 원뜻은 형제의 감정, 곧 모두 서로 형제처럼 친하게 지내도록 고무한다는 의미로, 모든 사람을 형제처럼 사랑하자는 말입니다. 이러한 구호 뒤에도 평등 정신이 담겨 있어서 차별을 없애고 누구나 차별 없이 사랑하며 선의로 대한다는 뜻이 있습니다.

그러나 '박애'라는 구호가 드높았던 프랑스 대혁명은 가장 피비린내 나고 잔혹한 사건이었고, 인류 역사상 전에 없이 효율적인 살인 도구인 단두대와 단두대 앞에 모여 살인하는 모습을 지켜보며 환호하는 엄청난 군중을 탄생시켰습니다. 이것이 우리가 형제를 대하는 방식일까요?

박애의 문제는 인간의 마음을 위반하는 고답적인 평등의 이상을 가정한다는 데에 있습니다. 행인을 형제로 여기는 것은 선하고 고귀한 일이지만 현실적으로 불가능한 이상에 불과합니다. 현실에서 인간이 해낼 수 있는 일은 행인을 형제로 여기는 게 아니라 거꾸로 형제를 행인처럼 보는 겁니다.

박애를 관철하려는 평등은 원래 형제를 사랑하는 방식으로 모든 사람을 사랑하는 겁니다. 그러나 인간에게는 이렇게 균등하게 분배할 수 있는 물질적, 정신적 자원이 많지 않습니다. 더 중요한 것은 인간에게 이기적인 동기를 없앨 방법은 없으므로 가족을 대하는 사랑을 낮춘, 비교적 쉬운 평등 정도는 되어야 행인을 가족처럼 대할 수 있다는 겁니다.

토크빌이 명료하게 밝혔듯이, 대혁명의 교훈은 보편적인 사랑인 '박애'를 보편적인 잔혹, 평등한 잔혹으로 왜곡하고 변형시켰다는 것입니다. 인류의 현실적 능력을 뛰어넘는 부분을 없애고 고고한 이상을 평지로 끌어 내리면 평등만이 남아 모든 사람이 같아집니다. 박애는 평등의 변형입니다. 좋은 변형도 아니고 왜곡된 변형입니다. 이 때문에 토크빌은 책에서 자유와 평등에 대해서만 논했습니다. 『미국의 민주주의』2권을 집필할 때 박애는 이미 모든 빛을 잃었고, 그 긍정적인 가치는 평등에 포함됐습니다.

평등은 자유보다 환영받기 쉽다

토크빌은 인류의 미래에는 평등이 자유보다 더 중요해질 거라고 분명히 주장했습니다. 그러나 이 비교는 1권과 2권이 다소 다릅니다.

1권에서 그는 평등을 '섭리적 사실'로 봅니다. 신의 초월적 의지가 인간의 평등을 바라므로 사람이 아무런 관계도 없거나 심지어 상반되는 이유로 하는 일이라도 결국 신의 의도를 벗어날 수 없어, 인류 사회는 갈수록 평등한 방향으로 이끌린다고 생각한 겁니다.

2권에서 특히 평등과 자유의 관계를 논의하면서 토크빌의 논점은 1권에 비해 더 현실적이 됩니다. 이 차이는 주로 토크빌이 1권과 2권에 각각 설정한 역할과 효과가 다른데에서 비롯됩니다. 2권에서 그는 독자에게 평등의 중요성을 설득하고 평등이 인류의 미래임을 선양하는 데 멈추지 않고, 듣기 좋은 '신의 의지' 말고도 도대체 어떠한 인간적 이유가 평등을 인류의 필연적인 운명의 흐름으로 만드는지 더 자세히 해석합니다.

토크빌은 우리가 오늘날 지속적으로 생각해야 하는 논

점 몇 가지를 제시합니다.

"어떤 사람들은 자유를 얻으면 긴 시간을 보내고 난 다음에야 자유의 장점을 발견한다. 또 어떤 사람들은 자유를 얻은 지 얼마 안 됐을 때 자유가 가져온 단점을 느낀다. 자유는 기존의 질서를 파괴해 원래 머리를 써서 걱정할 필요가 없었던 일을 새로운 위협으로 만든다. 자유는 인간의 잠재력을 개발함으로써 더 넓고 더 큰 성취를 이루게 한다. 또한 사람들이 더 아름다운 삶의 의미를 찾게 한다. 이러한 장점은 오랜 시간을 보내고 나서야 생활 속에서 실현된다. 그러나 그때쯤이 되면 사람은 종종 원래 자유가 없었던 상황을 잊어 비교할 대상도 없다."

거꾸로 평등의 장점은 바로 눈에 보입니다. 원래 높은 자리에서 의기양양해하던 사람이 이제 나와 평등해집니다. 따라서 그의 기세에 눌리지 않아도 되고 그에게 맞설 수도 있습니다. 누구라도 이런 변화는 느끼지 않겠습니까? 금방 나타나는 평등의 또 다른 장점은 수많은 일의 배치가 간단명료해진다는 점입니다. 각각 다른 사람에게 각각 달리 써야 하는 말투를 가늠하느라 노력할 필요도, 업무 분배를 복잡하게 고민할 필요도 없이, 한 가지 방법을 정해 모든 사람에게 평등하게 적용하는 겁니다. 얼마나 경제적입니까! 저 사람에게 있으면 이 사람에게도 있고, 이 사람에게 없으면 저 사람에게도 있어선 안 됩니다. 사람들 사이에 나타난 이 새로운 질서는 금세 예전과 상황이 크게 다르다는 것을 드러내기 때문에 누구라도 쉽게 이해할 수 있습니다.

평등의 단점과 결점은 상당한 시간이 지난 후에야 사회에 드러납니다. 그제야 사람들은 평등한 사회에서는 수많은 정교하고 아름다운 것들이 없어진다는 걸 깨닫습니다. 평등한 사회에는 문학이 없다는 사실을 발견합니다. 평등이 상당한 정도로 발전하면 그러한 문제가 생깁니다. 그러나 '상당한 정도로 발전'하려면 반드시 아주 긴 시간이 흘러야겠지요.

인생에서 가장 행복하고도 불행한 필연은 '미래'란 갑자기 오는 것이 아니라는 겁니다. 미래는 늘 천천히 옵니다. 오늘 갑자기 아흔 살이 됐다면 우리는 분명 놀라서 어쩔 줄을 모르겠지요. 그러나 그런 일은 일어나지 않습니다. 여든 아홉 살이 되고 364일이 지난 뒤에야 비로소 아흔 살이 됩니다. 그리고 그 전에는 먼저 여든아홉 살이 되어야 합니다. 미래는 늘 이렇게 천천히 옵니다. 따라서 가장 무섭고 가장 아름다운 것은 종종 시공을 초월한 우리의 상상 속에 있습니다. 느릿느릿 가는 시간을 통과하는 현실 속에서 가장 무섭고 가장 아름다운 것이 닥쳤을 때 우리는 이미 익숙해진 나머지 그토록 강렬한 느낌을 받지 못합니다.

평등의 문제는 느리게 나타납니다. 고통이 닥쳤을 때 사람들은 이미 익숙해진 상태입니다. 따라서 사람들은 평등을 더 좋아하는 경향이 있습니다. 토크빌은 꼭 평등이 자유보다 좋은 것은 아니지만 평등이 자유보다 환영받을 것이며, 사람들이 평등한 사회를 만들고자 하는 열정을 비교적 쉽게 불러일으킬 것이라고 말했습니다.

다시 관점을 바꾸어 보면, 자유와 평등이 사회에 뿌리를 내릴 때의 난이도에는 차이가 있습니다. 자유는 상대적으로 쉽게 상처받고 제거됩니다. 한 사람 또는 일부 사람이 권력을 확대하고자 하면 다른 사람의 자유를 해치게 되기 때문입니다. 평등은 유지하기가 더 쉽습니다. 토크빌의 화법을 빌리면, 인간은 노예 상태에서도 평등을 누릴 수 있습니다. 높은 자리에 주인이 있는데, 그가 모든 노예를 같은 방법으로 대하면 모든 노예는 평등합니다. 자유는 작은 권력 변화에도 철저하게 바뀌고 자유롭지 않게 바뀝니다. 평등은 다른 범위 안에서 유지될 수 있습니다. 노예는 주인과 평등해질 수 없지만 노예끼리는 평등할 수 있습니다.

민주주의와 평등의 후유증

토크빌은『미국의 민주주의』1권 서두에서 내놓은 논점을 바꾸지 않았습니다. 그저 이 논점의 범위를 넓혀 적용했을 뿐입니다. 그의 관점 전체를 연결해 봅시다. 그가 미국을 연구한 것은 미국의 민주주의를 연구하기 위해서입니다. 미국 민주주의의 핵심 정신은 평등이고, 평등은 인류가 거부할 수 없는 필연적 미래입니다. 따라서 미국 연구는 실질적으로 인류의 미래를 탐색하는 일과 같습니다. 미국을 통해 토크빌은 우리가 인류 미래의 답을 찾는 작업을 돕습니다.

토크빌은 평등이 인류의 미래라고 예언합니다. 그러나 인류가 평등을 향해 가는 길에서 미국과 미국인이 어떤 역할을 하는지 탐색하고 추론하는 과정에서 결코 단언하지 않습니다. 그의 입장은 미국이 최초의 모범이 되어, 미국인이 다른 나라 사람들보다 먼저 미래를 향한 이 길을 걸어감으로써 일찌감치 평등의 구체적인 모습을 보여 주리라는 겁니다.

200여 년 후 우리는 미국이 그저 본보기일 뿐 아니라 평등의 가치를 제창하고 전파하고 발양하는 데 아주 큰 역할을 했다는 사실을 잘 압니다. 토크빌이 본 미래는 우리가 지금 목도하는 현실로, 대부분이 미국의 손을 거쳐 만들어졌지요. 미국은 19세기에 점점 흥성해 20세기에는 전 세계적인 강대국이 됐습니다. 이 과정에서 나온 성과가 바로 우리가 민주주의와 평등을 주류로 삼는 세계에 살 수 있도록 결정한 겁니다.

20세기에 미국은 강대국이 되어 원래 영국이 가졌던 지위를 대체하면서 전 세계의 모범이 됐습니다. 영국이 패권을 휘둘렀을 때 전 세계의 주류 가치는 제국의 확장이었습니다. 그러나 미국이 패권을 휘두르게 되자 주류 가치는 아주 자연스럽게 민주적이고 평등한 정치 제도로 변했습니다.

미국의 발흥은 단순한 일이 아니어서, 복잡한 요인과 수없이 연결되어 있고 역사의 우연도 다수 있습니다. 미국의 발흥은 미국만의 힘으로 이뤄진 게 아니라 유럽의 분란과 몰락에서도 비롯되었습니다. 19세기 유럽은 열강 체제와 더불어 해양 식민지를 확대하는 영국을 모델로 삼은 여러 나라의 발전 전략으로 인해 국가 간에 고도의 긴장이 빚어졌고, 툭 건드리면 바로 전쟁이라도 벌어질 상황이었습니다.

크림전쟁, 보불전쟁에서 1914년 발발한 제1차 세계대전 그리고 1939년 독일 히틀러가 일으킨 침략 전쟁까지 한 세기 내내 유럽은 싸웠고 그럴 때마다 전쟁은 더 참혹해졌습니다. 혹은 이렇게 말할 수도 있습니다. 이 기간에 인류가 벌인 엄중한 전쟁, 가장 파괴가 심한 전쟁은 모두 유럽에서 벌어졌고, 유럽은 싸울수록 더 처참하게 망가졌다고요.

이에 비해 대서양을 사이에 둔 미국은 같은 기간에 비교적 크고 긴 전쟁을 한 차례 치렀을 뿐입니다. 1861년부터 1865년까지 벌어진 남북전쟁입니다. 미국은 외부 세력이 침략해서 치른 전쟁 경험이 없습니다. 전쟁만 본다면 유럽과 미국은 분명히 다릅니다. 이러한 차이는 민주주의와 아무런 관계가 없습니다. 그러나 이 다른 결과로 민주주의는 보편적인 설득력을 갖게 되었습니다. 민주적인 미국은 제국주의적인 영국에 비해, 전통적인 귀족 제도를 유지한 유럽 기타 국가에 비해 풍요롭고 강대해졌습니다.

토크빌은 민주주의와 미국을 긴밀하게 엮었습니다. 미국에 대해 말할 때는 미국의 민주 제도가 떠오릅니다. 민주주의에 대해 말할 때는 미국이 민주주의의 가장 중요한 전범이라는 사실을 떠올립니다. 민주주의 또한 가장 강하고 힘 있는 나라인 미국처럼 강하고 힘 있다고 여겨졌습니다. 1950년대 후반의 '냉전' 국면에서 이러한 동일시는 더욱 심화됐습니다. 미국은 자유민주주의로 소련의 독재사회주의에 맞섰습니다. 미국의 건국 정신, 미국이 소련을 적대시한 주요 원인은 민주주의 가치의 수호에 있습니다.

1989년 베를린 장벽이 무너지고 소련이 해체되면서 미국인은 자유민주주의가 독재사회주의에 승리를 거두었다고 생각했습니다. 미국은 전 세계의 유일한 강대국이 됐고, 그에 따라 민주주의 또한 유일한 정치적 선택이 됐습니다. 이를 보면 토크빌의 예언이 실현된 것처럼 보입니다. 인류는 갈수록 민주화하고 더 많은 국가가 갈수록 민주 제도를 채택하며 모든 사람에게 평등한 정치권력을 줍니다. 정치권력이 불평등한 소수의 국가는 갈수록 더 큰 압력을 받습니다.

현재 많은 국가가 미국의 민주주의를 채택하고 모방한다는 사실 때문에 토크빌이 200여 년 전에 쓴 책은 여전히 유효할 뿐 아니라 점점 더 중요해집니다. 토크빌은 프랑스와 미국을 냉정하게 대조하면서 한편으로는 일찌감치 민주주의의 가치와 평등의 힘을 인식했고 다른 한편으로는 민주주의의 후유증과 평등의 문제를 깨달았습니다.

그는 일찍이 우리에게 말했습니다. 민주 제도에서는 선거 활동이 가장 중요하지만 선거를 치를 때마다 정치 기구는 멈출 수밖에 없다고요. 타이완에 있는 우리가 너무나 잘 아는 일입니다! 민주주의를 세우고 운용한 지 20년 가까이 되지만 타이완은 매해 선거를 치를 때마다 반년은 떠들썩한 소요가 일어나 정치가 제대로 기능을 하지 못합니다.

또한 토크빌은 일찌감치 우리에게 알려 줬습니다. 선거의 영향 아래 정치 지도자는 민의의 포로가 된다고요. 형식상 그는 지도자이고 앞에서 이끄는 사람이지만, 실질적으로는 독립 정신을 가질 수 없고 강력한 견해도 가질 수 없습니다. 독립 정신과 강력한 견해를 가졌다면 그는 선거라는 관문을 통과해서 지도자의 자리에 오르지 못했을 테니까요. 토크빌은 '삼권 분립'의 구조에서 행정권이 가장 낮은 이유가 행정권의 독립성이 가장 부족해 민의에 기대어 정치를 펼쳐야 하기 때문이라고 지적합니다. 실질적으로 행정권을 장악하는 것은 다수 대중의 지지입니다. 오늘날 타이완의 현 상황에서는 바로 '나로드니키'Narodniki●입니다. 나로드니키의 영향을 받은 민주 제도의 선거에서는 보통 진정한 자기주장과 영혼이 있는 인물을 선출하지 못합니다. 자기주장과 영혼이 있는 사람은 각 분야에서 좋아할 만한 내

●19세기 후반에 러시아의 청년 귀족과 급진적 지식인을 중심으로 일어난 농본주의적 사회주의로, 20세기 초에 후진국의 농촌 계몽 운동에 커다란 영향을 주었다.(옮긴이)

용을 말하지 못해 다수 대중의 지지라는 시험을 통과하지 못합니다.

토크빌은 200여 년 전 우리에게 말했습니다. 민주주의 사회에서 각기 다른 모든 영역을 평준화하면 원래 있던 높고 낮음의 구분이 사라져, 구사회에서 볼 때는 높은 곳에 있던 정치 영역이 추락하고 상업, 제조업, 교육 등의 업무와 뚜렷한 차별이 없어지면서 정치 영역이 우수한 인재를 얻을 수 없게 된다고요. 한 사회에서 특별히 재능이 있고 높은 성과를 거둔 사람은 우선적으로 정치 영역에 들어가서 재능을 이용해 높은 지위를 얻고자 하는데, 민주주의 상황 아래의 정치 분야는 이러한 유인 요소가 사라져 좋은 인재를 흡수할 수 없습니다.

토크빌은 200여 년 전에 이 점을 지적했습니다. 경제 업무를 처리하는 사람은 재능과 품격 면에서 정치 영역의 사람을 신속하게 추월한다고요. 그의 화법은 실로 악독합니다. 그는 이렇게 말합니다.

"민주적인 사회에서는 보통 자기 재산을 처리할 능력이 없는 사람이어야 국가의 재산을 처리할 수 있다."

유능해서 자기 재산을 처리할 수 있는 사람은 자기 재산을 처리하면서 높은 성취를 거둘 수 있으므로 그것만으로도 엄청나게 바쁠 텐데 타인의 재산에 관심을 기울이고 관리할 시간이 어디 있겠습니까?

토크빌의 악독한 화법을 대하면서 우리는 회심의 미소를 짓습니다. 이것은 확실히 민주적이고 평등한 사회에서 나타나는 현실입니다. 동시에 우리는 놀라워해야 합니다. 이러한 의견을 쓸 때 토크빌의 손에는 우리가 경험하고 있는 민주주의 현실에 관한 자료가 없었습니다. 그는 관찰과 기록이 아닌 추론으로 이런 견해를 얻은 겁니다. 그는 어떻게 이토록 정확하게 추론할 수 있었을까요?

재산은 평등한 사회에서 한 사람의 지위를 결정한다

먼저 민주주의는 기본 설계에서 강렬한 인과 논리가 서로 긴밀하게 연결되어 있습니다. 이는 민주주의가 다른 환경에서도 고정된 발전 모델을 갖게 함으로써 논리적 사고방식으로 추론할 수 있도록 합니다. 이는 민주주의의 특징입니다. 민주주의의 공통성, 일치성은 다른 정치 제도를 훌쩍 뛰어넘습니다.

민주주의의 고정된 발전 모델은 민주주의가 정치 제도에 머물지 않는다는 데서 비롯됩니다. 토크빌이 탁월한 안목을 지녔다는 사실은 바로 민주주의를 단순히 하나의 정치 제도로 보지 않았다는 데서 느낄 수 있습니다. 그는 민주주의를 더 넓은 사회 환경의 사회 변수로 놓고, 어떤 사회 변수가 민주주의를 키우는 데 유리한지 살피는 한편, 반대 방향에서 민주주의의 건설과 시행 또한 거대하고 결정적인 사회 변수인지 확인하면서 전체 사회의 모습을 바꾸고 개조하려고 했습니다.

물론 토크빌의 분석이 아주 세부적으로 이뤄질 수는 없었습니다. 이념을 분석하는 몇 가지 중요한 도구, 예컨대 경제학, 정치경제학과 사회학은 당시 아직 나타나지 않았거나 성숙하지 않은 상태였으니까요. 애덤 스미스의 『국부론』은 1776년, 미국 독립 혁명이 일어난 그해에 출간되어 총체적인 경제학적 사고의 지평을 열었습니다. 그러나 국가 경제 활동을 각종 계산 방식으로 실증하는 작업은 1830년대에도 모색 상태였습니다. 마르크스의 『자본론』은 더 늦게 세상에 소개되었습니다. 따라서 토크빌이 글을 쓸 때는 경제 효과, 사회 변동 등을 분리해 이야기할 수 없었습니다. 그에게는 그럴 수 있는 어휘가 없었지요. 그러나 실제로 그는 복잡하게 연결된 인류 집단의 경험 패턴을 벌써 접하고 있었습니다.

『미국의 민주주의』 2권 2장에서 토크빌은 심지어 집단 심리학까지 이르러 '민주주의의 감정 효과'를 논합니다. 민주주의 정치 체제의 평등한 사회에서 사람들은 어느 한 분야의 가치를 창조하고 개발하고 확장하는 경향이 있습니다. 상대적으로 어떤 가치는 축소되고 억압된 나머지 없어지기도 하고요.

토크빌은 특히 인간이 물질을 추구하는 현상을 중시했습니다. 이는 그가 바라본 평등하고 민주적인 사회의 특징이었습니다. 그는 먼저 왜 민주적인 사회에서 물질을 추구하는 충동이 높아지고 그것이 갈수록 중요해지는지 설명하는 데 한 장을 할애합니다. 이어서 다시 한 장을 써서 물질 추구가 어느 정도에 오른 후에야 역전 현상, 곧 물질적이지 않은 것과 종교적인 만족을 추구하게 된다고 설명합니다. 그런 후 다음 장에서 세속의 재산과 복지에 대한 관심이 너무 지나치면 때로는 재산과 복지가 증가하기도 하지만 반대로 재산과 복지에 해를 끼칠 수도 있다고 말합니다.

이러한 연구와 토론은 심리학이자 경제학에 해당합니다. 민주주의는 경제적 효과도 낳을 수 있는데, 이는 물질을 추구하는 심리가 넘쳐흐르는 데서 비롯됩니다. 민주적인 사회에서는 기회가 평등하게 주어지고 기회를 제한하는 어떤 구조도 없습니다. 모든 사람은 재산을 늘리고 쌓을 권리와 기회가 있습니다. 다시 말해 평등한 사회에서는 신분의 높고 낮음은 사라져 사람과 사람 사이의 신분 차이가 중요하지 않게 됩니다. 귀족, 평민, 승려, 장인, 농부 등이 모두 같아집니다. 그래서 사회의 지위를 결정하는 기준이 재산이 많고 적음에 따르게 되는 경향을 피할 수 없습니다. 돈이 있으면 부러움을 받고 존경을 얻을 수 있는데, 이는 평등한 사회에서 가장 눈에 띄는 불평등이 됩니다.

민주적인 사회에서 사람들의 신분은 여전히 다릅니다. 그러나 신분의 기본 원칙은 차이이지 높낮이가 아닙니다. 모든 사람의 신분이 다르지만 우리는 신분에 따라 서로 간의 높고 낮음을 결정할 수 없습니다. 신분은 여전히 존재하지만 더 이상 지위를 결정하지 않습니다. 그러나 형식적인 평등 아래서 사람과 사람 사이의 지위 고하의 구분, 사람과 사람 사이의 온갖 시기와 부러움, 차별 대우를 완전히 없앨 수는 없습니다. 그래서 재산이 신분을 대신해 사회에서 지위 고하를 결정하는 핵심 요소가 됩니다.

재산 추구는 신의 선민이 되기 위한 것

숫자로 가늠할 수 있는 부의 성취는 미국에서 청교도 신앙과 결합해 더 큰 영향력을 발휘했습니다. 토크빌이 책에서 잠시 언급한 그 사실을 약 1세기 후에 독일 사회학자 막스 베버는 명저 『프로테스탄티즘의 윤리와 자본주의 정신』에서 철저하고 탁월하게 분석합니다.

신교도(프로테스탄트), 특히 청교도에서 노동과 노력은 근본적으로 신앙적 의미를 가지고 있습니다. 종교에서 그들은 '예정설'을 믿었습니다. 인간은 신의 창조물이며, 보잘것없는 인간은 전지전능한 신에게 영향을 미치거나 신을 바꿀 수 없습니다. 전지전능한 신이라면 인간이 세속에서 어떻게 사는지 보고 나서 구속救贖을 얻게 할지 아니면 지옥에 보낼지 결정하겠습니까? 인간의 행위를 비판하기만 하고 정작 조종하지 못한다면 신은 전지전능하지 않은 셈입니다.

따라서 인간은 신의 계획에 따라 인간 세상에서 신이 부여한 역할을 연기합니다. 우리는 신이 우리를 놓고 어떤 시나리오를 썼는지 추측할 방법이 없고, 세속에서의 행위로 신에게 영향을 미칠 수도 없습니다. 이러한 '예정설'에서는 누가 천국에 가고 누가 지옥에 가는지 일찌감치 결정되어 있습니다. 그리하여 사람들에게는 더 큰 걱정만 생길 뿐입니다. 누군들 신이 자신에게 내린 운명을 알고 싶어 하지 않겠습니까? 누군들 이 인생이라는 연극의 궁극적인 결말이 궁금하지 않겠습니까? 누군들 자신이 천국에 들어갈 수 있는 '선민'이라고 추측할 수 있는 실마리를 찾으려고 하지 않겠습니까?

실마리는 어디에 있을까요? 그것은 인간이 살아가는 방식과 그가 살아가면서 이룬 성과에 있습니다. 신이 호의를 품은 선민은 부패하거나 타락할 수 없고, 무지몽매하게 아무런 성과도 내지 않고 살 수도 없습니다. 노력하고 정직하게 살아 세상에 더 많은 성과를 쌓는다면 그 사람이 선민 신분일 확률도 더 높아지는 셈입니다. 따라서 예정설을 믿는 사람은 강렬한 내재적 동력으로 부지런히 일하고 노력하며 근검절약하는 습관을 굳게 지킴으로써 자신이 선민이 될 가치가 있는 사람임을 증명하고자 합니다. 자신에게 증명하고 자신을 설득하는 것이지 외부의 시선에 영합하는 것이 아니기 때문에 이 동력은 언제나 그들을 걱정 속에서 살게 합니다. 그리하여 그들로 하여금 끊임없이 노력해서 성과를 만들어 내게 하는 한편, 성과가 가져다준 사치를 누리면서 해이해질 수 없게 합니다.

베버는 우리에게 알려줍니다. 이것이 바로 서양 자본주의 정신의 토대라고요. 죽도록 노력해서 재산이 생겨도 그 재산을 삶에서 누리지 않고 더 큰 성취를 위해 투자함으로써 더 많은 재산을 쌓는 이러한 집단 신앙의 에너지는 인류 역사상 전에 없던 자본의 축적을 낳았습니다.

자본주의 정신은 독일, 네덜란드 등의 신교 지역에서 일어났고, 이후 미국에서 대대적으로 확장됐습니다. 토크빌은 평등한 환경에서 미국이 결코 수동적인 사회가 되지 않았음을 관찰했습니다. 평등과 민주주의라는 원칙은 신분의 특권과 우세를 제거함으로써 모든 사람의 기본 조건과 타고난 출발점을 비슷하게 만들었습니다. 자신의 노동과 노력으로 더 많은 성과를 일궈 내 자신에게 더 높은 가치가 있음을 증명한다면 신의 '예정'된 목록의 더 높은 자리에 자신의 이름이 올라 있다는 뜻이 됩니다. 여기서 재산은 최고의 성과이자 심지어 유일한 평가 기준입니다.

이러한 사회에서 두 사람이 거의 제로에서 시작했다고 합시다. 20년 후 한 사람은 5,000달러를 가졌고 다른 사람은 2,000달러밖에 갖지 못했다면 이는 20년간 5,000달러를 가진 사람이 2,000달러를 가진 사람보다 더 고생했고 더 노력했으며 신에게 노력할 수 있는 성분을 더 많이 부여받은 것이므로 천국에 들어가는 자의 목록에 올라 있을 가능성이 높다는 뜻입니다.

재산은 더 깊고 근본적인 정신의 형식으로 미국인의 내면에 새겨졌습니다. 그들은 세속적 현실의 측면에서 재산을 대하고 추구한 것이 아니었습니다.

민주적이고 평등한 사회일수록
경제 발전 동기도 크다?

오늘날의 말로 표현하면 이 말은 민주주의와 평등이 다른 경제적 동기를 자극한다는 뜻입니다. 평등의 뒤에는 개인을 단위로 하는 집단의 평가가 반드시 따릅니다. 내가 뭘 가지고 있느냐가 아니라 내가 얼마나 창조했느냐가 이 사회에서 나의 가치를 결정합니다. 오늘 나에게 5,000달러가 있고 어떤 사람에게도 5,000달러가 있다고 해도 이것이 그와 나 두 사람이 사회에서 같은 평가를 얻고 있다는 의미는 아닙니다. 20년 전 내 아버지가 나에게 1만 달러를 줬는데 그에겐 한 푼도 없었다면 이 사회는 당연히 그를 나보다 더 높이 평가할 겁니다. 이때 20년간 내가 잃은 재산 5,000달러와 그가 번 5,000달러는 1만 달러 차이가 난다는 사실이 중요합니다. 이러한 계산법이 가능한 것은 이 사회의 보편적 시선 앞에서 그와 내가 개인으로서 평등하며, 출발점이 평등하다는 개념이 깊이 뿌리를 내렸기 때문입니다.

이 중간에서 작동하는 경제적 동기는 모든 사람이 자신의 노력으로 재산을 창출함으로써 자신의 가치를 증명하도록 합니다. 신에 대한 믿음이 없으면 예정설이 가져다주는 걱정도 없어집니다. 그 자리를 대체하는 것은 사회의 평가 시스템입니다. 한 사회가 개인이 존엄해지는 방식을 결정하고, 사람과 사람 사이의 지위를 비교하며, 스스로 분발하라는 압력을 지속적으로 가합니다.

이는 민주적이고 평등한 사회가 상대적으로 높은 경제 성과를 얻을 수 있는 이유를 설명해 줍니다. 또한 재산을 소중히 하고 강조하는 사회에서는 재산과 성과를 가늠하는 도구가 결국 화폐의 수량으로 간단하게 정리됩니다. 화폐의 숫자에는 부인할 수 없는 이성적 평등이 있기 때문입니다. 이곳의 1달러는 저곳의 1달러와 같고, 이곳의 1만 달러는 저곳의 1,000달러보다 분명히 큽니다. 너무나 명백해서 다툴 필요가 없으며 파악하기도 쉽고 가늠하기도 편합니다. 오늘 나에게 100달러가 있는데 내일 150달러가 됐다면 이는 내 삶이 올바른 방향으로 가고 있다는 증거가 됩니다. 반대로 100달러가 80달러가 됐다면 나는 고민하면서 내 삶을 돌아봐야 합니다.

과거의 불평등한 환경이나 지위 고하는 복잡한 지표가 너무 많았습니다. 나의 지위가 높은지 낮은지도 봐야 하고, 교우 범위도 살펴야 하고, 손님을 접대하는 연회 규모도 확인해야 하며, 나의 살롱에서 쇼팽이나 리스트의 연주를 들을 수 있는지, 술 저장고에 어떤 술이 있는지 등도 따져 봐야 합니다. 이러한 모든 요소가 내가 누구인지, 타인이 나를 어떻게 보는지, 내가 사람들과 어떻게 교류하는지에 영향을 미칩니다. 미국에는 이렇게 골치 아픈 지표가 없습니다. 또는 이러한 지표들이 평등화되는 과정에서 원래 가지고 있던 의미나 중요성을 잃었습니다. 그래서 지위라는 지표도 함께 평등화, 단일화되었습니다. 돈과 재산으로 모든 것을 총괄하고 대체한 겁니다.

미국에서 돈은 전에 없던 중요성을 띠게 됐습니다. 돈이 있으면 많은 것을 사거나 누릴 수 있다는 차원의 중요성을 말하는 것이 아닙니다. 돈은 사회를 바꾸는 거대한 힘이 되어 과거에는 다른 범주에 속하던 사물의 가치를 하나의 체계로 포괄했습니다. 그래서 과거에는 비교할 수 없거나 비교하기 어려웠던 것을 비교할 수 있도록 만들었습니다.

간단히 말해서, 가치가 가격으로 변화한 겁니다. 가치는 다원적이지만 가격은 단일하고 높낮이가 바로 분별됩니다. 쇼팽이 머물던 살롱과 1857년산 와인 두 병을 비교할 방법이 있을까요? 우리가 말하고자 하는 것이 가치라면 비교할 수 있는 방법이 없습니다. 그러나 가격을 말하고자 하는 거라면 비교할 수 있고 그것도 아주 잘할 수 있지요.

사과와 귤을 어떻게 비교합니까? 어떻게 『사과의 귤의 경제학』●이란 책 제목이 가능합니까? 현대 경제학의 역할 중 하나는 사람들에게 '이성적 선택'을 하도록 판단 근거를 제공하는 겁니다. 사과와 귤뿐 아니라 모든 것을 '공급−수요−가격'의 공식으로 바꿔 모든 것을 비교할 수 있는 것으로 바꿉니다!

이렇게 돈이 개입한 뒤 기본적으로, 적어도 이론상으로는 모든 것을 팔 수 있게 됐습니다. 모든 것을 팔 수 있다면 우리 삶에서 가장 중요한 일은 당연히 자신의 구매력을 높이려고 노력하는 일이 됩니다.

● 한국에는 『괴짜 경제학』으로 소개된 스티븐 레빗, 스티븐 더브너의 책 『Freakonomics』의 타이완판 제목.(옮긴이)

토크빌은 책에서 이 문제를 언급하면서 토론할 이슈를 내놓았습니다. 민주 사회와 경제 발전의 관계에서, 사회가 민주적이고 평등할수록 경제 발전 동기도 강해질까? 오랜 시간이 지난 지금도 이 이슈는 여전히 현실과 밀접하게 맞붙어 있어서 계속 생각해 볼 가치가 있습니다.

평등한 사회는 더 이상 예의와 규범을 따지지 않는다

『미국의 민주주의』 2권 3장에서는 민주주의가 낳은 매너manners를 다룹니다. 매너를 억지로 번역하면 민주 제도 아래서 사람을 대하는 기본 예의 정도가 될 겁니다. 사람과 사람이 서로를 대하는 방식에서 민주적이고 평등한 사회는 구귀족제 사회와 분명히 크게 다릅니다.

평등은 강력한 감화력이 있습니다. 평등한 사회에 사는 사람은 그에 따라 자기 자신을 대하는 태도부터 주위의 타인을 대하는 태도, 사회를 대하는 태도, 심지어 세계를 보는 관점까지 바뀝니다. 이러한 관점과 태도가 밖으로 드러나는 것을 매너라고 합니다.

토크빌이 『미국의 민주주의』를 쓸 때 유럽의 매너 또한 특수한 변화를 겪고 있었습니다. 영국 빅토리아 여왕은 1837년 즉위해 1901년에 사망함으로써 왕위에서 물러났습니다. 역사에서는 보통 그녀가 재위한 이 기간을 특별히 빅토리아 시대라 부르는데, 유난히 매너를 따져서 번거롭고 복잡한 예의와 규칙이 많은 것이 이 시대의 표징이었습니다.

그러나 일찍이 빅토리아 시대가 시작되기 전에 토크빌은 이미 미국과 영국의 절대적인 변화를 보았고, 미국과 영국의 매너는 점점 더 차이가 나 갈수록 커질 것이라 예견했습니다. 예의와 규칙은 주로 사람과 사람의 관계를 드러내고 한계를 확정할 때 쓰입니다. 사람과 사람의 관계는 분명하고 고정될수록 예의와 규칙도 당연히 더욱 중요해집니다.

'기립, 차려, 경례'는 과거 학생들이 반드시 지켜야 하는 예의이자 규칙이었습니다. 당시에는 학생과 선생의 관계가 분명하고 확고했기 때문입니다. 오늘날 사제 관계는 그렇게 고정되어 있지 않고 유동성이나 이질성이 큽니다. '기립, 차려, 경례'도 느슨해지다가 없어지고 말았습니다. 이러한 배경 뒤에는 평등한 사회가 가져온 효과가 있습니다. 상하 관계, 명확한 신분 구분, 사람과 사람의 관계의 경계가 모호해지면서 개인 일상생활의 매너에도 영향을 미쳤고 예의와 규칙이 더 이상 엄격하게 적용되지 않았습니다. 자세에서 언어까지 모든 것이 변화했습니다. 경어도 없어졌고, 예의 바른 인사말도 사라졌습니다. 고정된 예의는 소멸했습니다. 그 대신 모든 사람이 각각 서로 다른 상호 활동과 대화를 하게 되었습니다.

중국인이 처음 미국에 갔을 때 미국 사회에서 아들이 아버지의 이름을 직접 부르는 걸 보고 놀라지 않는 이가 없었습니다. 얼마나 기가 막혔겠습니까. 아들이 아버지의 머리 꼭대기에 올라서다니! 그러나 5·4 운동 시기의 소설을 보면 젊은 아들들이 미국인이 자기 아버지를 친구 부르듯 하는 걸 보고 부러워하면서 그걸 꿈꾸며 미래의 이상으로 여기는 장면이 나옵니다. 이는 신분이 고착화된 사회와 평등한 사회의 매너의 근본적인 차이를 드러냅니다.

사람과 사람의 사이의 신분 규범은 느슨해졌습니다. 상대적으로 사회에서 재산을 중시하는 표징이 늘어났고, 이것이 사람과 사람 사이의 관계를 결정하는 새로운 기준이 됐습니다. 이로 인해 앞서 거론했듯이, 재산이 생길 거라는 기대로 부자가 되는 연습을 준비하는 과정에서 '사치스러운 위선'에 대한 강렬한 바람이 생겨납니다. 겉으로 봤을 때,

타인을 대하는 태도는 갈수록 규범이 없어졌지만, 몸에 걸치는 물건은 갈수록 중요해진 겁니다. 이 또한 민주적이고 평등한 사회가 가져온 사회적 영향입니다.

평등의 확장은 막을 수 없다

민주주의는 권력의 배치이자 정치 관계이지만 민주주의의 배치 때문에 평등이 외부로 확장되는 효과가 발생하기도 합니다. 평등은 고정된 범위에 머물 수 없습니다. 사람이 정치권력상 평등한 대우를 획득하면 이러한 평등의 경험은 반드시 다른 생활 영역까지 확장되므로 평등은 고정된 범위에 머물지 않습니다.

정치에서 평등의 가치를 세우고 나면 평등은 그 관할 범위를 끊임없이 확장해 갑니다. 토크빌은 보지 못했지만 우리는 투표권 발전 같은 역사상의 수많은 사례를 분명히 목도했습니다. 미국은 가장 먼저 재산으로 투표권을 제한하지 않는 평등한 조치를 실시했습니다. 가난한 사람이나 부자를 막론하고 자유로운 신분의 남성이면 평등하게 한 표를 행사할 수 있는 권리를 가졌지요. 그러나 투표권의 평등은 여기에만 머물지 않고 여성의 투표권 쟁취 운동으로 이어졌습니다. 재산이 평등을 가로막는 장애가 될 수 없다면 성별도 가로막을 수 없지요. 한 걸음 더 나아가 종족이나 피부색은 어떻습니까? 그 연장선상에서 이러한 사회에서는 반드시 평등 원칙에 대한 질문이 나오기 마련입니다. 어째서 자유민과 노예의 절대적 불평등이 존재하는가 하는 질문 말입니다. 이렇게 한 걸음씩 오래된 불평등은 무너지고 그것을 대신해 평등이 범위를 넓혀 갔습니다.

타이완의 투표 경험을 예로 들어 보겠습니다. 아주 일찍부터 가장 낮은 단위인 향鄕과 진鎭의 장●을 뽑는 선거가 개방되면서 향진의 주민은 1인 1표 방식으로 투표를 했습니다. 향진의 장이 이렇게 평등하게 선출되자 자연스럽게 의문이 생겼습니다. 그렇다면 현縣과 시市의 장●●은 왜 안 되는가? 현과 시의 의회는 왜 안 되는가? 이렇게 해서 현과 시 단위에서도 평등 선거가 치러졌습니다. 이는 필연적으로 일련의 질문을 낳았습니다. 입법원立法院●●●은 왜 안 되는가? 타이베이 시장은 왜 안 되는가? 마지막으로 총통은 왜 안 되는가? 이러한 평등의 확장은 가로막기 어려운 것이었습니다.

● 한국으로 치면 이장, 동장.(옮긴이)
●● 한국으로 치면 도지사와 시장.(옮긴이)
●●● 한국으로 치면 의회.(옮긴이)

이러한 관점에서 문득 토크빌과 함께 미국에 간 보몽이 이렇게 잊히고 무시되어선 안 된다는 사실을 깨닫습니다. 보몽의 소설은 토크빌의 책보다 더 일렀고, 평등의 진행 과정도 더 깊이 있게 다뤘습니다. 토크빌은 정치 제도를 깊게 파고들어 민주주의를 이야기했지만 2권에 이르러서야 민주주의와 평등한 사회의 효과를 거론합니다. 그러나 보몽은 토크빌보다 먼저 소설에서 인종 문제와 성별 문제를 다뤘고, 평등의 확장성까지 거론했습니다.

평등은 그 발걸음을 멈출 수 없습니다. '모든 남성은 평등하다'는 정도로 머물 순 없었지요. 여러분이 모든 남성이 평등해야 한다고 주장한다면 평등의 개념은 자동으로 확대됩니다. 그럼 어째서 여성은 평등하면 안 됩니까? 더 나아가 한 집에 사는 사람이 남녀 구분 없이 모두 평등해야 한다면 자연스럽게 다음과 같은 의문이 생깁니다. 그렇다면 집 안에 있는 사람과 집 밖에 있는 사람은 평등하지 않아야 합니까? 평등의 확장력은 일단 긍정적 가치가 되고 나면 모든 불평등에 설명과 해설을 요구하게 합니다. 더 이상 자연스럽고 당연한 일이 아니게 되는 거지요. 이것이 평등이 담고 있는 개조와 진보의 운동 에너지입니다.

평등은 과거에는 평등하지 않거나 불필요하다고 여기

던 수많은 일에 끊임없이 도전합니다. 평등의 보편성은 갈수록 높아집니다. 토크빌은 보지 못했지만 우리 시대에는 이미 전 인류의 범주에서 평등해야 한다는 주장이 세워졌습니다. 바로 '인권'입니다. 인권은 사람이라면 가져야 할 기본 권리이며, '사람'이라는 사실 말고는 어떠한 자격 제한도 없습니다. 인권 앞에서 모든 사람은 평등합니다.

토크빌이 우리에게 남긴 질문

토크빌은 우리에게 200여 년 전 미국의 상황을 알려 줬지만 결코 '나는 미국에 가서 조사했고, 미국이 현재 어떤 모습인지 보고 듣고 이해했다'는 정도에 머물지 않았습니다. 아니 그는 미국이 걸어온 길을 정리하고 미국이 왜 자신이 묘사한 모습으로 변했는지 해석했습니다. 여기서 그는 부러움과 기쁨을 또렷하게 표현합니다.

"미국은 정말 좋다. 미국이 아직 젊어 우리가 그들의 발자국을 따라 걸을 수 있기 때문이다. 그들이 여기에서 일어나 저기에서 돌고 다시 저쪽에서 넘어진 그 발자국을."

이뿐이 아닙니다. 『미국의 민주주의』는 1835년에 출간됐지만 토크빌의 눈은 1835년을 넘어서 미국과 민주주의의 미래를 투사했습니다. 평등과 민주라는 기본 가치에 밀착해서 그 사이의 논리 관계를 분명하게 따졌기 때문에 그는 미래를 추론하고 예측하는 능력을 얻을 수 있었습니다. 그는 대담하면서도 세심하게 말합니다. 미국의 민주주의가 어떻게 계속 발전해 나갈 것이고 어떠한 문제들을 만나게 될 것이며 어떠한 효과를 확산시킬 거라고요. 그가 책에서 내놓은 수많은 분석은 현실이 아니라 전망과 미래를 다뤘습니다.

그의 추론이나 예측이 전부 맞을 순 없습니다. 그러나 그의 실수에는 풍부한 의미가 있습니다. 그의 추론상의 실수는 크게 두 가지로 나뉩니다. 하나는 논리적 실수인데, 민주주의 운용의 일부 상호 작용을 잘못 판단하거나 무시했습니다. 예컨대 토크빌은 미국의 주가 프랑스의 알자스 지역이 아님을, 주 정부와 연방 정부의 관계도 알자스 지역과 프랑스 중앙 정부의 관계가 아님을 분명히 알고 있었습니다. 그 또한 책 속에서 자세하게 각 주의 권력을 해석했습니다. 그러나 그는 주 정부의 조직과 운영을 깊이 있게 설명하지 않았고, 더욱이 미국 각 주 간의 차이를 무시했습니다. 그는 짤막하게 한 장을 할애해서 주 의회와 주 정부에 대해 대략적으로만 짚었을 뿐 세부 내용은 다루지 않았습니다.

토크빌이 이런 대목을 소홀히 한 것은 두 가지 이유 때문일 겁니다. 첫 번째는 그가 미국에서 접촉한 사람이 대부분 넓은 의미의 '지식인'이지, 실제로 정치를 하는 사람, 정치 계통에 있는 사람이 아니라는 점입니다. 이들은 자기 생활환경에서 지역 상황만을 알고 있을 뿐이어서 타운이나 타운 집회는 잘 알았고, 때로『연방주의자 논고』같은 종류의 건국 문헌 내용을 숙지하기도 했지만, 상대적으로 주 정부와는 소원했고 이해도가 떨어지는 데다 그다지 관심도 없었습니다.

두 번째는 토크빌이 주 정부가 너무나 독특한 미국색을 지녔다고 판단해서 프랑스 정치를 계발하는 데 참고하기에는 상대적으로 가치가 낮다고 여겼을 수도 있습니다. 그는 프랑스에는 없고 보아 하니 만들기도 어려운 이러한 주 정부 형태를 프랑스 독자들이 자세하게 이해할 필요가 없다고 생각했을 수도 있습니다.

그러나 주 정부의 운영에 대한 심도 있는 분석이 부족한 탓에 토크빌은 주와 연방 사이의 권력 증감 변화를 잘못 보았습니다. 그는 아주 강력한 힘이 각 주를 연방 체제와 연결할 것이며, 각 주가 사실은 그렇게 쉽게 연방을 떠날 수 없다는 점도 인식하지 못했습니다. 연방은 일찍부터 거대한 경제, 무역 기능을 발휘하고 있었습니다. 연방 내의 각 주는 '자유 무역 지대'를 만들어 서로 자유롭고 활발하게 물건을 들여오고 내보내며 사고팔면서 함께 번영하는 경제를 만들었습니다. 혼자 독립해 떨어져 나가는 주는 반드시 다른 주가 체결한 관세 장벽에 부딪혀 경제적으로 곤경에 빠지게 됐습니다. 연방 정부는 각 주 사이에 불평등한 무역이나 상업적 장애가 없도록 보장했고 이는 각 주에 큰 이익을 안겨 줬습니다.

이 부분을 토크빌은 논리적으로 잘 알지 못했습니다.

또 하나의 실수는 책의 주제로 삼은 '미국의 민주주의'에 토크빌이 너무 집착한 데서 비롯됐습니다. 그가 민주주의를 제외한 나머지 것을 모두 망각했기 때문입니다. 미국에는 그것 말고도 다른 여러 가지 특색이 있고, 수많은 미국적 요소가 있습니다. 단순하게 민주 제도의 측면에서만 미국을 바라본 토크빌은 훗날 미국의 발전에서 가장 중요한 요소를 빠뜨렸습니다. 그것은 미국 사회가 가진 고도의 자기 수정 능력과 자기 복원 능력입니다.

토크빌은 책에서 평등하고 민주적인 사회의 중대한 결

점으로, 예컨대 기초적이고 무용한 지식이 생겨나 발전할 수 없고, 세련된 글로 쓰는 문학이 출현할 수 없으며, 탁월한 미적 감각이 있어야만 지원할 수 있는 예술이 불가능하다고 생각했습니다. 이러한 그의 추론은 그가 민주주의 논리로만 추단했기에 나온 예언이었습니다.

그러나 미국에도 문학이 있습니다. 토크빌의 책이 출간된 지 얼마 지나지 않아서 미국에서는 너새니얼 호손, 허먼 멜빌 같은 문학가가 『일곱 박공의 집』, 『모비 딕』 등과 같은 빼어난 작품을 썼습니다. 미국에는 예술이 있습니다. 20세기에 미국은 전 세계 기초 과학을 이끄는 강대국이 됐습니다. 이는 토크빌의 책에서 해석할 수 없는 발전이지만 20세기에 미국이 강대국으로 부상한 이야기에서 가장 중요한 대목이기도 합니다.

바꾸어 말하면, 토크빌은 오늘날 자신의 책을 읽는 독자에게 깊이 생각해 봐야 할 큰 문제를 남겼습니다. 미국은 어떻게 스스로 고쳐 나가면서 평등과 민주주의가 논리적으로 가져온 결함에서 벗어났는가? 이러한 엄청난 수정 능력은 어떻게 생산되고 유지되었는가?

『미국의 민주주의』를 다 읽고 나면 미국을 다르게 인식하고 이해하는 사상적 방법이 우리 눈앞에 펼쳐집니다.

더 읽어 볼 책

니콜로 마키아벨리, 『군주론』(박상섭 옮김, 서울대출판문화원, 2013)

루스 베네딕트, 『국화와 칼』

막스 베버, 『프로테스탄티즘의 윤리와 자본주의 정신』(김덕영 옮김,
　　길, 2010)

몽테스키외, 『법의 정신』

빅토르 위고, 『레미제라블』

스티븐 레빗, 스티븐 더브너, 『괴짜 경제학』(안진환 옮김,
　　웅진지식하우스, 2007)

알렉시스 드 토크빌, 『미국의 민주주의』(임효선·박지동 옮김, 한길사,
　　2002)

알렉시스 드 토크빌, 『앙시앵 레짐과 프랑스 혁명』(이용재 옮김,
　　지식을만드는지식, 2013)

애덤 스미스, 『국부론』(김수행 옮김, 비봉출판사, 2007)

앨 고어, 『이성의 위기』(안종설 옮김, 중앙북스, 2008)

존 버니언, 『천로역정』

찰스 디킨스, 『두 도시 이야기』

카를 마르크스, 『자본론』(김수행 옮김, 비봉출판사, 2015)

토머스 페인, 『상식』

Alexander Hamilton, James Madison, John Jay, *The Federalist
　　Papers*

Catherine Drinker Bowen, *Miracle at Philadelphia: The Story of the Constitutional Convention May−September 1787* (Back Bay Books)

David McCullough, *1776* (Holt McDougal)

Emil Ludwig, *Napoleon*

Joseph Epstein, *Alexis De Tocqueville: Democracy's Guide* (Harper Perennial)

Lord Acton, *Lectures on the French Revolution*

Paul Johnson, *Napoleon: A Life* (Penguin Books)

Ross King, *Machiavelli: Philosopher of Power* (Harper Perennial)

マルクス, 久恒啓一(編著),『図解 資本論』(イースト・プレス)

1620·11·11	영국 청교도들이 메이플라워호를 타고 북미 대륙에 도착함.
1636	케임브리지 신학교 설립.
1638	비명에 죽은 존 하버드의 유족이 기부한 것을 기념하기 위해 케임브리지 신학교를 하버드 신학교로 개명함.
1678·2	존 버니언 『천로역정』 출간.
1748	몽테스키외 『법의 정신』 출간.
1756 – 1763	7년전쟁으로 프랑스의 재정 상황이 곤란해짐.
1774·5·10	루이 16세 즉위.
1775·4·19	영국군과 렉싱턴 민병의 교전으로 미국 독립전쟁 발발.
1776·1·10	토머스 페인이 『상식』을 출간해 영국 통치에 반대하는 북미 13주를 지원함.
1776·7·4	북미 13주가 개최한 대륙 회의에서 「독립 선언서」를 통과시킴.
1778·2·6	프랑스와 미국이 동맹을 맺고 영국에 전쟁을 선포함.
1783·9·3	영국과 미국이 파리 조약을 체결함으로써 미국 독립전쟁을 끝냄.
1787	미국 헌법 제정.

1789·7·14	프랑스 대혁명 발발과 제1공화국 성립.
1791	제퍼슨과 매디슨 등이 민주공화당을 창당함.
1792	해밀턴이 연방당을 창당함.
1793·1·21	루이 16세가 단두대에 오름.
1793·10·16	루이 16세의 아내 앙투아네트가 단두대에 오름.
1794·4·23	토크빌의 외증조부 말제르브가 단두대에 오름.
1794·7·27	테르미도르의 반동이 일어나자 로베스피에르가 단두대에 오르고, 자코뱅당의 공포정치가 끝남.
1799·11·9	나폴레옹 보나파르트, '브뤼메르 18일의 쿠데타'를 일으켜 총재 정부를 무너뜨리고 통령 정부 수립.
1803·10·20	미국 상원, 제퍼슨 대통령이 프랑스로부터 루이지애나주를 사들이는 데 동의함.
1804·5·18	국민 투표로 공화국을 제국으로 변경하고 나폴레옹이 황제가 되어 나폴레옹 1세라 부름.
1805·7·29	토크빌 출생.
1814·4·6	나폴레옹 1세 퇴위. 루이 18세 즉위. 입헌군주제 시행.
1823·12·2	먼로 대통령, 「먼로 선언」을 발표함.("유럽 각국이 아메리카 대륙에 간섭하는 것은 미국에 대한 비우호적 조치로 간주한다.")
1824·9·16	루이 18세 사망. 샤를 10세 즉위.
1824	민주공화당이 민주당과 국가공화당으로 나뉨.
1825	연방당 해산.
1830·7·26	7월 혁명으로 샤를 10세가 물러나고 오를레앙공 루이

	필리프가 즉위함. 역사에서 '7월 왕정'이라 부름.
1830	토크빌, 노르망디 지역의 관리로 1851년까지
	업무를 수행함.
1831·5·9	토크빌과 보몽, 정부가 파견한 미국 감옥 행정
	조사단에 참가함.
1832·2·20	토크빌과 보몽, 미국으로 떠남.
1833	토크빌과 보몽, 『미국의 형사 제도 및 그 제도의
	프랑스에 대한 적용을 논함』을 출간.
	헨리 클레이, 휘그당 창당.
1835	토크빌, 『미국의 민주주의』 1권 출간.
1835	보몽, 『마리 또는 미국의 노예 제도』 출간.
1840	토크빌, 『미국의 민주주의』 2권 출간.
1841	토크빌, 아카데미 프랑세즈 회원으로 선출됨.
1848·2·23	2월 혁명이 일어나 루이 필리프가 퇴위함.
	제2공화국 성립. 토크빌은 구의회 위원으로
	선출되어 제2공화국 헌법 기초 작성을 위탁받음.
1848·6·23 – 1848·6·26	
	정부가 실업자에게 제공하던 국영 작업장을 폐쇄해
	노동자들이 6월 폭동을 일으켰지만 곧 진압됨.
1848·12·20	루이 나폴레옹이 대선에서 승리해 제2공화국
	대통령이 됨.
1849·6·3 – 1849·10·31	
	토크빌이 외무 장관 직무 수행.

1851·12·2	루이 나폴레옹이 쿠데타를 일으켜 10년 임기의 대통령에 취임함. 이날은 나폴레옹 1세가 프랑스 황제가 된 지 47주년이 되는 날이었음.
1852·12·2	루이 나폴레옹이 나폴레옹 3세로 취임함. 제2제정 시작.
1854	미국 반노예제 세력이 결집해 공화당을 결성함.
1856	토크빌, 『앙시앵 레짐과 프랑스 혁명』 출간.
1859·4·16	토크빌 사망.
1859	찰스 디킨스, 『두 도시 이야기』 출간.
1861	미국에서 연방 분열과 노예제 확대를 막으려는 북부와 그에 대항하는 남부 사이에 남북전쟁이 시작됨.
1862	빅토르 위고, 『레미제라블』 출간.
1863	링컨, 노예 해방을 선포함.
1865	남북전쟁 종료.
1870·7·19	보불전쟁(프로이센·프랑스 전쟁) 발발.
1870·9·2	나폴레옹 3세, 프로이센에 포로가 되어 제2제정 붕괴. 제3공화국 수립.
1871·3·18 – 1871·5·28	파리 시민의 보통 선거로 최초의 노동자 정권인 파리 코뮌 수립. 그러나 채 두 달이 못 되어 붕괴함.
1871·5·10	보불전쟁 종료. 프랑스가 패전하고 독일 제국 수립.

현대적 민주주의 제도의 뿌리를 탐색하다

　　남북한 정상이 만나 한반도의 종전 문제를 놓고 대화를 나누기로 했다는 뉴스를 보았습니다. 한국전쟁으로 남한 사회에서 겪은 온갖 사회적 모순과 위기, 협잡을 떠올리면 이게 꿈인가, 생시인가 얼떨떨합니다. 한반도는 후기를 쓰는 지금도 휴전 상태, 전쟁을 쉬고 있는 상태입니다. 정작 한반도 남쪽에서 사는 우리는 전 세계에서 가장 전쟁 위기에 대한 자각 없이 사는 것처럼 보입니다만.

　　휴전협정 관련 자료를 보다가 협정의 정식 명칭이 "국제연합군 총사령관을 일방으로 하고 조선인민군 최고사령관 및 중국인민지원군 사령원을 다른 일방으로 하는 한국

군사 정전에 관한 협정"이라는 걸 알고 꽤 놀랐던 기억이 납니다. 남한은 쏙 빠지고 미국과 북한, 중국이 협정 체결의 당사자였다니! 그렇다면 종전 협정을 체결하게 되면 남한은 어찌 되는 건가 싶더군요. 더불어 정작 당사자인 한국은 제치고 협정 체결의 주체가 된 미국에 대해 생각하게 되었습니다. 1871년 신미양요로, 말하자면 첫 만남을 전쟁으로 시작한 한국과 미국은 이후로 복잡한 애증의 역사를 써 왔습니다. 이 과정이 썩 흔쾌했던 건 아니지만 한국이 민주주의 국가로 자리 잡는 데는 어쨌거나 미국의 도움을 받았고, 지금도 미국은 이 땅에서 지대한 문화적 정치적 경제적 영향을 끼치고 있습니다.

그러나 정작 한국인이 이런 영향을 가진 미국의 본질을 제대로 알고자 애를 쓴 적이 있는지는 잘 모르겠습니다. 토크빌이 쓴 『미국의 민주주의』는 현대의 정치고전으로 민주주의를 공부하는 사람이라면 누구라도 한 번쯤은 읽어야 할 텍스트입니다. 미국 민주주의 제도의 본질이라 할 만한 걸 잘 정리한 책이기도 하고요. 타이완의 지식인 양자오 선생이 쓴 이 책을 번역하면서 한국 - 미국 관계에서 벗어나 미국 자체의 맥락에서 미국을 알아보려고 생각한 적이 별로 없었다는 걸 깨달았습니다. 나라든 사람이든, 어떤 대상을 제대로 파악하려면 그 대상이 겪어 온 궤적을 살피고 그런 연후에 나와 연결된 맥락을 돌아보는 게 조금은 상대를 객관적으로, 균형 감각을 가지고 이해할 수 있는 방법이라고 한다면 이 책은 현대 민주주의 토대를 만든 미국과 미국인을 잘 파악할 수 있도록 하는 꽤 실한 내용을 담고 있습니다.

프랑스 사람인 토크빌이 왜 먼 미국까지 가서 한창 새로 실험 중인 민주주의를 기록하게 되었는지, 이 책이 어떤 과정을 거쳐 집필되었고 출간되고 나서 프랑스에서, 나아가 전 세계 여러 국가에서 어떤 반향을 불러일으켰는지, 그것이 왜 지금 중요한지, 그리고 자신의 모국인 타이완에서 이 책을 읽는다는 건 어떤 의미인지 저자 양자오는 흥미진진하게 짚어 냅니다. 같은 동아시아인이라서 좀 더 동질한 입장에서 읽어 갈 수 있었는지 모릅니다.

이야기가 살짝 빗나갑니다만 이 책을 한국에서 제일 처

음 읽은 독자로서 저자가 어떤 사람인지 무척 궁금해졌습니다. 뭐하는 사람이기에 이런 책을 쓰게 되었는지 뒷조사를 좀 해 봤지요. 타이완이라는 나라에 별 관심이 없는 한국에서는 전혀 알려지지 않았지만 중화권에서는 꽤 저명한 지식인이더군요. 타이완대학에서 역사를 공부하고 하버드대학에 가서 지성사를 전공했다는 사실을 확인했습니다. 책 서두에 하버드 유학 경험을 자연스레 꺼내면서 자신이 말하고자 하는 주제까지 연결할 수 있던 지적 배경이 이해되었습니다.

타이완에 돌아온 후의 행적을 살피다가 한 사람이 이렇게까지 많은 일을 할 수 있나 하는 의심이 들었습니다. 언론사의 편집주간, 라디오 방송의 진행자, 타이완 유명 서점과 학술재단에서 일반 대중 상대로 진행하는 고전 강좌. 이 강좌의 스펙트럼을 확인하고서는 좀 말이 안 된다 싶더군요. 본인이 타이완 사람이니 동양고전인 『논어』, 『맹자』, 『장자』, 『노자』, 『묵자』, 『시경』, 『서경』, 『좌전』, 『전국책』, 『사기』, 『순자』 등에 대해 강의하는 건 그렇다고 치겠습니다. 한데 『자본론』, 『종의 기원』, 『꿈의 해석』 같은 서양근대고전이나 『슬픈 열대』 같은 인류학서, 하이에크의 『노예의 길』 같은 경제사상서나 존 롤스의 『정의론』 같은 정치서까지 강의하는 건 어떻게 받아들여야 할까요. 이런 인문사회과학 고전만이 아닙니다. 헤밍웨이의 『노인과 바다』, 카뮈의 『이방인』, 괴테의 『젊은 베르테르의 슬픔』 같은 문학고전까지……. 이 사람은 괴물인가 싶었습니다. 한데 좀 더 살펴보니 단순 강독 수준도 아니고 지성사의 맥락에서 살핀 적절한 깊이와 넓이를 갖춘 알찬 강의더군요, 맙소사.

타이완 인터넷 서점을 뒤져 보니 이뿐만이 아니었습니다. 고전음악에 대해 다룬 책도 썼고, 시에 관한 책도, 심지어 소설까지 쓰셨더군요. 한국에 비슷한 이력을 가진 분이 있는지 잠시 떠올려 보았습니다. 학문적 깊이와 대중적 전달력을 겸비했다는 점에서 동양고전 쪽에서는 김용옥 선생, 서양고전 쪽에서는 강유원 선생, 사회과학 쪽에서는 유시민 선생 정도가 잠시 연상되었지만 이분들과는 또 결이 다른 듯했습니다. 이런 강의를 들을 수 있는 타이완 사람들이 무척 부럽더군요. 이런 저자의 글을 한국어로 옮기고 동료 시민들에게 읽을 기회를 제공할 수 있어서 역자로서 뿌듯했습니다.

다시 돌아가서, 양자오 선생이 쓴 『미국의 민주주의를 읽다』가 한국 독자에게 어떤 메시지를 던질 수 있을지 생각해 보았습니다. 뜬금없이 들릴지도 모르겠지만 한국은 현대의 민주주의 국가입니다. 왜 당연한 말을 하냐고 핀잔을 하실지도 모르지만 한국인들이 정말 현대 민주주의 국가의 시민으로 살고 있는지를 곰곰 생각해 보신다면 자신 있게 그렇게 살고 있다고 자신 있게 대답하기가 쉽진 않으실 겁니다.

한국은 압축적인 근대화 시기를 거쳤고, 그런 탓에 어떤 면에서는 여전히 전근대적인 생각을 내면에서 말끔하게 걷어내지 못한 것이 아닌가 합니다. 또 엉뚱한 이야기입니다만 '조선'과 '미국' 두 나라를 놓고 어느 쪽이 더 친근하게 느껴지는지 묻는다면 어떻게 답하시겠습니까? '조선'이라고 대답하시게 되지 않나요? 한국이 우리가 지금 살고 있고, 앞으로도 살아가야 할 곳이 여기신다면 저는 '미국'이라는 답이 나와야 마땅하다고 생각합니다. 현대 민주주의 국가인 대한민국에 살고자 하는 시민이라면 조선이 제아무리 조상의 나라라 해도 그것이 지난 역사로 존중되고 알아야 할 일이기는 하겠지만 그뿐, 우리가 배우고 지향해야 할 방향은 '미국'이 아닐까요? 민주주의 국가를 이루고 조화롭게 구성원들과 갈등을 조율하고 문제를 함께 해결해 가야 하는 시민의 입장에서는 더더욱 그렇습니다. 최근에 미국의 민주주의가 많이 망가지는 모습을 보이고 있긴 합니다만 현대적 민주주의 제도의 뿌리를 만든 그 전통과 역사를 배우고 익히는 일은 우리가 꼭 해야 할 일입니다. 이 책은 교양을 갖춘 민주 시민이 되기 위하여 그 첫 단추 역할을 훌륭하게 해낼 수 있는 책입니다. 읽어 보시면 분명 그리 느끼실 겁니다. 그와 함께 이 책을 쓴 양자오라는 저자에 대해서도 궁금해지고 다른 책도 찾아서 읽게 되실 겁니다. 제가 그랬거든요. 그러시고 나거든 부디 동료 시민들에게도 권해 주세요. 좋은 책을 쓰는 저자의 책이 좀 더 한국에 소개될 수 있도록.

미국의 민주주의를 읽다
: 우리의 민주주의를 더 잘 이해하기 위하여

2018년 5월 14일 초판 1쇄 발행

지은이	**옮긴이**
양자오	조필

펴낸이	**펴낸곳**	**등록**
조성웅	도서출판 유유	제406-2010-000032호(2010년 4월 2일)

주소
경기도 파주시 책향기로 337, 301-704 (우편번호 10884)

전화	**팩스**	**홈페이지**	**전자우편**
070-8701-4800	0303-3444-4645	uupress.co.kr	uupress@gmail.com

페이스북	**트위터**	**인스타그램**
www.facebook.com/uupress	www.twitter.com/uu_press	www.instragram.com/uupress

편집	**디자인**	**영업**	**독자교정**
이효선, 이경민	이기준	이은정	오윤근

제작	**인쇄**	**제책**	**물류**
제이오	(주)민언프린텍	(주)정문바인텍	책과일터

ISBN 979-11-85152-84-4 04080
 979-11-85152-02-8 (세트)

이 도서의 국립중앙도서관 출판예정도서목록(CIP)은 서지정보유통지원시스템
홈페이지(seoji.nl.go.kr)와 국가자료공동목록시스템(www.nl.go.kr/kolisnet)에서
이용하실 수 있습니다.(CIP제어번호: CIP2018014848)

고전

동양고전강의 시리즈

삼국지를 읽다
중국 사학계의 거목 여사면의 문학고전 고쳐 읽기
여사면 지음, 정병윤 옮김

중국 근대사학계의 거목이 대중을 위해 쓴 역사교양서. 이 책은 조조에 대한 새로운 관점을 처음 드러낸 다시 읽기의 고전으로, 자기 자신의 눈으로 문학과 역사를 보아야 한다고 역설하는 노학자의 진중함이 글 곳곳에 깊이 새겨져 있다.

사기를 읽다
중국과 사마천을 공부하는 법
김영수 지음

28년째 『사기』와 그 저자 사마천을 연구해 온 『사기』 전문가의 『사기』 입문서. 강의를 모은 책이라 쉽고 재미있게 읽을 수 있다. 지금까지 중국을 130여 차례 답사하며 역사의 현장을 일일이 확인하고, 그 경험을 바탕으로 연구한 전문가의 강의답게 현장감 넘치는 일화와 생생한 지식이 가득하다. 『사기』에 관심이 있는 독자라면 남녀노소 누구나 어렵지 않게 읽을 수 있는 교양서.

논어를 읽다
공자와 그의 말을 공부하는 법
양자오 지음, 김택규 옮김

『논어』를 역사의 맥락에 놓고 텍스트 자체에 집중해, 최고의 스승 공자와 그의 언행을 새롭게 조명한 책. 타이완의 인문학자 양자오는 『논어』 읽기를 통해 『논어』라는 텍스트의 의미, 공자라는 위대한 인물이 춘추 시대에 구현한 역사 의미와 모순을 살펴보고, 공자라는 인물을 간결하고도 분명한 어조로 조형해 낸다. 주나라의 봉건제로 돌아가기를 꿈꾸면서도 신분제에 어긋나는 가르침을 펼친 인물, 자식보다 제자들을 더 아껴 예를 어겨 가며 사랑을 베풀었던 인물, 무엇보다 사람이 사람다워야 함을 역설했던 큰 인물의 형상이 오롯하게 드러난다.

노자를 읽다
전쟁의 시대에서 끌어낸 생존의 지혜
양자오 지음, 정병윤 옮김

신비에 싸여 다가가기 어렵다고
여겨지는 고전 『노자』를 문자 그대로
읽고 사색함으로써 좀 더 본질에
다가가고자 시도한 책. 양자오는
『노자』를 둘러싼 베일을 거둬 내고
본문의 단어와 문장 자체에 집중한다.
그렇게 하여 『노자』가 나온 시기를
새롭게 점검하고, 거기서 끌어낸
결론을 바탕으로 『노자』가 고대
중국의 주류가 아닌 비주류 문화인
개인주의적 은자 문화에서 나온
책이라고 주장한다. 더불어 『노자』의
간결한 문장은 전쟁을 종결하고
백성을 편하게 하고자 군주에게 직접
던지는 말이며, 이 또한 난무하는
제자백가의 주장 속에서 살아남기
위한 전략이라고 말한다.

장자를 읽다
쓸모없음의 쓸모를 생각하는 법
양자오 지음, 문현선 옮김

장자는 송나라 사람으로 알려져 있다.
송나라는 주나라에서 상나라를
멸망시킨 뒤 후예들을 주나라와
가까운 곳에 모아 놓고 살도록 만든
나라다. 상나라의 문화는 주나라와
확연히 달랐고, 중원 한가운데에서,
이미 멸망한 나라의 후예가 유지하는
문화는 주류 문화의 비웃음과 멸시를
받았다. 그러나 춘추전국 시대로
접어들면서 주나라의 주류 문화는
뿌리부터 흔들렸다. 그런 주류 문화의
가치를 조롱하는 책이며 우리에게도
다른 관점으로 지금을 되돌아볼 수
있는 기회를 준다.
책의 앞머리에서 고대 중국의 주류
문화와 비주류 문화의 간극을
설명하고, 장자의 역사 배경과 사상
배경을 훑고 『장자』의 판본이 어떻게
달라졌는지 살펴본 다음, 『장자』의
「소요유」와 「제물론」을 분석한다.
저자는 허세를 부리는 듯한 우화와
정신없이 쏟아지는 궤변, 신랄한
어조를 뚫고 독자에게 『장자』의
핵심에 접근하는 방법을 알려 준다.
중국의 문화 전통에서 한쪽에 밀려나
잊혔던 하나의 커다란 맥을 이해하고
새롭게 중국 철학과 중국 남방 문화를
일별하는 기회를 얻는 동시에 다시금
'기울어 가는 시대'를 고민하는
기회를 갖게 될 것이다.

맹자를 읽다
언어의 투사 맹자를 공부하는 법
양자오 지음, 김결 옮김

유가의 이념을 설파하는 위대한
성인 맹자를 추앙하고 그 사상을
설명하는 책이 아니다. 양자오는 여태
우리가 간과했던 맹자의 '말솜씨'를
콕 찍어 끌어낸다. 중국 전국 시대에
이미 낡은 것으로 치부되던 유가의
사상을 견지하고, 인간을 믿었던
맹자는 빼어난 말솜씨로 각국의 왕을
설득하여 전쟁을 멈추고 사람이 살 수
있는 나라를 만들고자 노력한다.
웅변의 시대에 홀로 선 투사로서.

묵자를 읽다
생활 밀착형 서민 철학자를 이해하는 법
양자오 지음, 류방승 옮김

봉건 제도가 무너지기 시작한
난세, 중국 춘추 시대. 유가는
이 난세가 봉건 질서의 붕괴에서
비롯되었으므로, 예교禮敎를 다시 세워
세상을 바로잡아야 한다고 외쳤다.
그러나 서민 계급 출신의 묵자는
봉건 사회의 예교 자체가 난세의
근원이라고 주장했다. 거칠 것 없는
웅변가인 묵자는 '겸애'를 무기로
유가 진영에 맹렬한 공격을 퍼부으며,
봉건 제도의 예교를 지지하는
이들의 언행불일치와 모순을 비웃고
비난했다. 그리고 묵자와 그의
제자들은 자신들의 신념을 실천으로
증명하고자 중국 각지를 뛰어다녔고,
난세 속에서 묵가가 지닌 합리성을
확실하게 보여 주었다.
언제나 고전에 대한 개성적인
독법으로 독자에게 고전을 읽는
또 다른 길을 안내하는 타이완의
지식인 양자오는 이 책에서도 묵가의
독특한 논변 방식을 새롭게 조명하고,
그들의 소박한 사상과 실천이
가져오는 참신함이 묵가를 유가와
함께 '뛰어난 학문'으로 이름 나게
하였음을 밝힌다.

자본론을 읽다
마르크스와 자본을 공부하는 이유
양자오 지음, 김태성 옮김

마르크스 경제학과 철학의 탄생,
진행 과정과 결과에 이르기까지
역사의 맥락과 기초 개념을 짚어
가며 『자본론』의 핵심 내용을
간결하고 정확한 시각으로 해설한 책.
타이완에서 자란 교양인이 동서양의
시대 상황과 지적 배경을 살펴 가면서
썼기에 비슷한 역사 경험을 가진
한국인의 피부에 와 닿는 내용이
가득하다.

서양고전강의 시리즈

종의 기원을 읽다
고전을 원전으로 읽기 위한 첫걸음
양자오 지음, 류방승 옮김

고전 원전 독해를 위한 기초체력을
키워 주는 서양고전강의 시리즈
첫 책. 인간과 자연의 관계를
변화시킨 『종의 기원』에 대한 새로운
해설서다. 저자는 섣불리 책을
정의하거나 설명하지 않고 책의
역사적, 지성사적 맥락을 흥미롭게
들려줌으로써 독자들을 고전으로
이끄는 연결고리가 된다.

꿈의 해석을 읽다
프로이트를 읽기 위한 첫걸음
양자오 지음, 문현선 옮김

인간과 인간 자아의 관계를 바꾼
『꿈의 해석』에 관한 교양서. 19세기
말 유럽의 독특한 분위기, 억압과
퇴폐가 어우러지며 낭만주의가
극에 달했던 그 시기를 프로이트를
설명하는 배경으로 삼는다. 또한
프로이트가 주장한 욕망과 광기
등이 이후 전 세계 문화와 예술에
미친 영향을 들여다보며 현재의
우리에게는 어떤 의미인지 점검한다.

성서를 읽다
역사학자가 구약성서를 공부하는 법

박상익 지음

『어느 무교회주의자의 구약성서
읽기』 개정판. 한반도에서 사는
지금의 우리는 서양의 정신과
제도의 영향을 받으며 살아간다.
당연히 서양 문명의 뿌리 중 하나인
헤브라이즘을 모르고는 우리의
상황을 온전히 이해할 수도, 미래를
설계할 수도 없다. 조선 후기부터
천주교의 형태로 헤브라이즘의
영향을 받기 시작한 한반도에
20세기 초에는 개신교 형식의
헤브라이즘이 유입되었고, 광복 후
미국의 압도적인 문화적 헤게모니
속에서 개신교가 폭발적인 성장세를
보였다.
그러나 이런 양적 성장과 비교하면
질적 수준은 향상되지 않았다. 저자
박상익은 서양의 정신적 토대로
역할을 수행한 그리스도교가
한국에 와서 대중의 조롱을 받고
있는 현실을 통탄하면서, 21세기를
헤쳐 나가야 할 한국인에게 서양
정신사의 한 축인 헤브라이즘을
제대로 이해하려는 노력이 필요하며,
이를 위해서는 히브리 종교의 핵심
내용이 담긴 「구약성서」를 제대로
읽어야 한다고 힘주어 말한다.